苏州地域文明丛书

吴国史新证

出土文献视野下的《吴太伯世家》

程义 著

上海古籍出版社

本书为姑苏宣传文化人才项目成果

目 录

序

　　司马迁撰《史记》一百三十篇，除十《表》、八《书》外，作为人物传记的本纪、世家、列传计一百一十二篇。与后世历代纪传体史书相比，司马迁在作为主权者传记的帝王《本纪》和作为个人传记的《列传》之间安排了《世家》，专门记述封建诸侯的世系。三十篇《世家》中，又大致可以分为两类：一类是西周以来传统的封建世家群体，计有吴、齐、鲁、燕等十六家，这些诸侯在春秋战国时期先后发展成割据一方的强国；另一类是从第十八篇的《外戚世家》到最后一篇的《三王世家》，记录的对象主要是西汉建国后部分恢复封建制时出现的王侯。而介于两类之间的《孔子世家》和《陈涉世家》两篇，可视为前后之间的过渡。《世家》的前十六篇与后十二篇在叙述风格上有着很大的差异。与人物形象饱满、语言丰富生动、行为充满活力的前十六篇相比，后十二篇远不够精彩。这是因为《世家》原本应该叙述封建诸侯国成长、发展、衰亡的历史，而汉代以后虽有封建之名却无封建之实，所谓的"世家"，已沦为集权制下的高级官僚群体，自身谋求发展壮大的时代已成历史。欧阳修撰《新五代史》时虽然追求古义，将十国君主列为"世家"，但这更多的是在王朝正统观念下的一种安排，其实与薛居正《旧五代史》将十国君主列为"僭伪列传"没有本质上的区别。

　　《吴太伯世家》是三十篇《世家》的首篇，叙述了春秋末期称霸一时的吴国的历史。司马迁将《吴太伯世家》置于《世家》的首篇，自有其道理。司马迁在《太史公自序》中给出了这一卷的写作提纲："太伯避历，江蛮是适；文武攸兴，古公王迹；阖庐弑僚，宾服荆楚；夫差克齐，子胥鸱夷；信嚭亲越，吴国既灭。嘉伯之让，作《吴世家》第一。"不难看出，他在撰写之前已经确定了太伯奔吴、封建吴国、阖闾称霸、夫差克齐、勾践灭吴等五个重点叙述对象。可见《吴太伯世家》虽然应该是一部系统的吴国史，但司马迁选取的仅是其中的几个重要片段。至于为什么要将《吴太伯世家》置于首篇，司马迁自己也做了说明，即意在"嘉伯之让"，赞扬吴太伯、仲雍避贤让国这一足以垂范后世的义举。

而必须对这一义举做出赞扬的理由，司马迁在《吴太伯世家》卷末的"太史公曰"中也表达了出来："孔子言：'太伯可谓至德矣，三以天下让，民无得而称焉。'"可见是基于孔子的价值判断。加上"延陵季子之仁心，慕义无穷，见微而知清浊"，传说中吴王寿梦之子延陵季子的让国故事，更让司马迁在扬清抑浊的价值判断下将吴国的历史置于《世家》的首篇。

在赞扬太伯、仲雍避贤及季子让国的义举之外，还有一些因素可以考虑，如战国秦汉时期普遍流行的历史传说。《左传》哀公十三年（公元前 482 年）七月辛丑条记述黄池会盟："吴晋争先。吴人曰：'于周室我为长。'晋人曰：'于姬姓我为伯。'"可见，至少在今本《左传》成书定型的战国时期，吴国为"周室之长"的说辞已经广为人知，而这样的说辞，必定会进入司马迁撰写《吴太伯世家》的资料范围。司马迁在《吴太伯世家》卷末的"太史公曰"中称："余读《春秋》古文，乃知中国之虞与荆蛮句吴兄弟也。"交代了他自己将历史传说确定为历史"真相"的文献依据，即基于《春秋》古文。

司马迁所据的古文《春秋》到底为何物，我们不得而知，或许可归为汉初以后出现的古文经系统。就现存的《春秋》及其"三传"文字来看，《春秋经》没有直接涉及太伯奔吴的内容，与吴国相关的叙述均出自《左传》。从吴国历史的整体性而言,《史记》是集大成者,之后出现的《越绝书》《吴越春秋》等文献大多以《史记》的叙述为骨干,虽然做了进一步的弥合和丰富,但基本框架和内容均未超出《史记》。

由于《史记》在中国历史文献中难以撼动的地位,传统史学在叙述吴国历史时,无一不将之奉为圭臬,并一直影响到今天的吴国历史、吴文化及江南地域文化研究。研究者之间,尤其是江南地方学者,在研究江南历史与地域文化时,百变不离其宗,均以太伯、仲雍奔吴为吴国历史的起点,就吴国的建国时间,吴国的存续时间,苏州为吴文化的发源地,甚至就太伯、仲雍奔吴的第一站,吴王陵墓寻踪,苏、锡、常、镇争抢吴文化中心地,太伯奔吴与丝绸之路,人工运河泰伯渎的开凿及其在中国大运河文化中的历史地位等等,写出了难以计数的文字。

然而,不得不说,以上的这些努力大多缺乏准确的资料依据,缺乏对先秦历史尤其是激荡的春秋历史的总体把握,相信司马迁《吴太伯世家》及后续的《越绝书》《吴越春秋》等文献中留下的都是史实,并因此囫囵吞枣,全盘接受。

夏、商、西周三代的传承,是后世意义上的王朝革命,还是军政及祭祀联盟势力的消长?长期接受西周文明熏陶的周边族群,在进入春秋以后又是如何逐步踏上文明化道路的?为什么产生齐桓公、晋文公、秦穆公、楚庄王、吴王阖闾、越王勾践这些春秋霸主的国家均位于西周文明核心区域的周边?中国古代社会又是如何遵循人类发展史的规律,从分散走向统一的等等,这些都是先秦历史的重大课题。具体到吴国,吴人到底是一个什么样的族群?所谓的"吴国",又是一个什么样的政体?《吴太伯世家》在叙述太伯、仲雍奔荆蛮建立句吴后,为什么只留下空白的世系,直到第十九代寿梦才有事迹可循?为什么寿梦在春秋末期突然出现,且一反中原传统自称王号？吴国的强盛为什么又是昙花一现等等，这些又都是吴国历史及吴文化研究中不得不回答的问题。

已故日本学者宫崎市定在七十余年前的著作中，注意到了春秋五霸各国与西周文明在制度上的差异，通过对五霸诸国与周王朝在姓氏、婚姻等制度层面上的比较分析，指出"五霸皆夷狄"。换言之，五霸诸国与周王室属于不同的系统，春秋五霸的登场，实际上就是"夷狄的文明化"过程。这一学说给我们理解中国古代社会的历史演变以及吴国历史提供了一个独到的视角。

在先进的西周文明熏陶下走向文明的过程中，尤其是在与中原诸侯交往直至争霸的过程中，身处"夷狄"的吴、越、楚、秦、齐、晋，将自己的祖先附会成中原圣王贤君的苗裔，对内更能增加自己的信心，对外则能逐渐赢得中原诸侯的认同。吴人将自己的祖先附会为"周室之长"的太伯、仲雍，一方面与吴人记忆深处的迁徙历程有关，另一方面与寿梦时期与中原诸侯交往中所受到的触发有关，尤其是与寿梦之子季札在中原各国的游历活动有关。季札是吴王寿梦第四子，在兄弟四人中最具贤名，寿梦意欲立季札为王，但季札坚决辞让，这与太伯、仲雍避贤出奔的故事如出一辙。《吴太伯世家》全文 4 600 余字，关于季札，司马迁就写了 1 020 余字，用大量的篇幅记载了季札游历中原各国的经历，并对季札不愿为王的行为大加赞赏。可见，季札不愿为吴王之事，与太伯、仲雍让位的故事联系到一起，很可能是这场造史运动的契机。但在中原诸侯看来，吴人及吴国作为"蛮夷"的事实是难以改变的。寿梦时期还自称"孤在蛮夷，徒以椎髻为俗"，寿梦之后的几代吴王都在不断地重构自己的祖先记忆，到夫差凭军事实力与中原诸侯在黄池会盟与晋国争先时，虽已敢堂而皇之地自称"于周室我为长"，但中原诸侯依旧视其为"夷"，吴国也因"夷德轻"而遭到中原诸侯的轻视。即使如此，吴人内部"周室之长"这一祖先记忆和认同应该说已基本完成。

司马迁的史学贡献是多方面的，其中最大的一点，就是为统一的国家撰写了一部统一的历史。之所以这么说，是因为司马迁把中原地区周边的族群都视为中原王朝的分支，原本都应该是一家人。说到匈奴，司马迁说他们的祖先是夏后氏的苗裔；说到朝鲜，司马迁认定其最早的国王卫满是燕国人；说到越王勾践，司马迁将之视为大禹的苗裔；秦国和楚国则都是圣王颛顼的苗裔，齐国则是周文王之师姜子牙的子孙；讲到江南的吴国，司马迁认为是周太王长子太伯与次子仲雍建立的国家。通过对吴人、吴国族属，文化源流及吴王"夷式名"等问题的研究，我们不难发现吴人没有自己的文字，语言上也与中原截然不同；在考古学文化上，吴是南渡的淮夷，与周王室在族群血缘上并不一致。吴人、吴国的始祖传说，是在春秋这一特殊历史发展时期产生的附会。

司马迁史学中的大一统思想，其实并非其个人的想象，相当程度上是春秋以来东亚大陆文明发生剧变、以中原华夏为中心逐渐构筑起中国文明、最终实现秦汉大一统这一历史事实的真实反映。这也正是从分散走向统一这一古代社会发展的一般轨迹。

然而，在近代考古学成立之前，人们无法怀疑《史记》《越绝书》《吴越春秋》等文献的说法。基于传统文献，囿于传统认知，很多历史真相是难以究明的，必须由我们当代人基于新的历史资料，立足于人类历史发展的基本原理来重新认识。

上文提到的新资料，主要是指遗址、墓葬、出土遗物等考古学资料。随着地下出土资料的不断涌现，相关研究的不断深入，吴人及吴国历史的真相也得以逐渐浮出水面。笔者的专业虽是汉唐考古与历史研究，但吴地作为乡邦故里，一直是我的关注所在，因此曾不避跨界之嫌，对吴人、吴国的历史进行过思考，目前有了以下一些初步认识：（1）吴人南迁前的居地在江淮之间，是淮夷或徐夷、群舒的一支；(2) 这支淮夷从居巢(今巢湖周边)附近南迁过江，经鸠兹(今芜湖)、姑熟(今当涂)、湖熟(今南京南郊)，在今宁镇地区留居千余年，并由此向周边扩展，形成所谓的“湖熟文化”，因此近年来湖熟文化又被称为“先吴文化”；(3) 春秋中晚期寿梦时期，逐渐走向文明的吴人，在与中原诸侯交往的同时，开始向东南发展，与太湖平原的越人邂逅，经争战、融合，实现了从吴、越分治到吴越“同气共俗”；(4) 吴人迁徙的沿途，留下了鸠兹、姑熟、湖熟、姑苏及姑胥、胥山、胥江、胥河等地名，由此推测，吴人首领及核心群体所到之处或所居之都就被称为“ko-so”或“ku-su”，吴国最晚期的都城即为“姑苏”；(5) 基于吴国青铜武器铭文吴王名号前常见“”(姑登)、“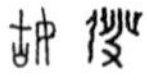”(姑發)、“”(姑讎)等可读为“ko-so”或“ku-su”的文字，推测“ko-so”或“ku-su”在指称吴都的同时或可作为吴王的姓氏。

以上认识，都是本着历史发展的基本原理，基于历史文献和考古资料得出来的观点，尤其第(5)点，更是本书作者程义在对苏州博物馆新入藏吴王余眜剑研究的基础上得出来的。对于我们的观点，学界、社会当然是赞否两论，但是，赞成也好，批评也好，这样的现象正是吴国历史与吴文化研究摆脱传统束缚，迎来新生的表征。

以上这些观点目前都还是初步的，零星的，想要得出更有深度的、完整的意见，目前还为时尚早，因为在这之前还有很多基础工作尚未完成，其中最重要的就是吴国史料的整合。这里所说的史料绝不止于传世的历史文献资料，更多的是考古资料。

《史记》叙述的时代，既包括《尚书》《春秋》等古典文献已经叙述了的古代，也包括此后整个百家争鸣的时代。吕不韦主持的《吕氏春秋》，以十二纪、八览、六论的分类方法，试图对当时所有的知识进行网罗，司马迁的设想其实与《吕氏春秋》非常接近，也是以时代和地域为经纬，写出了可称得上是百科全书的《史记》。对近代史和当代史的叙述,作为太史公,司马迁当然可以利用国家的藏书和档案,但对于久远的历史,很多资料是来自民间的传说,这些传说,经过他的搜集和筛选被编入了《史记》,因此《史记》尤其是其中的人物传记,故事性和肢体语言尤其丰富。司马迁撰写《史记》,并不像后人想象的那样他是要撰述一部历史著作,他只是采用了历史著作的形式,对自己认为值得传至后世的东西进行了忠实的记录,《吴太伯世家》的成篇亦然。对于《史记》的"甚多疏略,或有抵牾",在新资料出土以前,研究者只能在文献的字句上有所斟酌,至于所述内容,则无从入手。

利用新资料对历史文献展开探讨的成果近年来已出现不少,如丁晓珉《〈史记·楚世家〉新证》、陈家宁博士论文《〈史记〉殷、周、秦〈本纪〉新证图补》、张志鹏《吴越史新探》、刘光《出土文献与吴越史专题研究》等年轻一代学人的著述尤其值得关注。吴国历史的研究也出现了新的局面,一些关键问题都有了深入探讨,但这些资料的集结和成果都还相对零散,利用起来有一定的困难。

本书作者程义,在考古学研究的重镇西北大学修完本科、硕博士课程,在王维坤教授的指导下,以《关中地区唐代墓葬研究》获得博士学位,有着深厚的历史考古学的专业素养。又长期在张懋镕教授的指导下研习青铜器,在金文研究上也有深厚的造诣。应聘到苏州博物馆并在南京大学从事博士后合作研究阶段,接触到了较多的吴国青铜器与吴文化研究,立志钻研江南早期历史,近年来,先后发表了《苏州博物馆新入藏吴王余眜剑初探》《"姑苏"新考》《再论吴国历史的三个基本问题》《太伯奔吴诸说平议》等相关论文,在新资料的基础上,对吴人及吴国历史有了较深的认识,而本书正是其力图将吴国历史的研究推向纵深的关键一步。

半个多世纪以来,不仅在吴越故地,在河南、陕西、山西、湖北、山东、安徽、江西等地也都发现了数量不少的与吴国历史相关的铭文铜器。近年公布的《上海博物馆藏战国楚竹书》《清华大学藏战国竹简》两批楚简，虽然不是科学考古发掘所得，但其内容对于研究吴国历史意义重大，而长年来零星发现的简帛资料也颇有补正吴史的作用。本书即在最大程度上利用了这些资料，对《吴太伯世家》所载内容进行了广泛的注释。

本书首先以《吴太伯世家》原文为纲，以《春秋经》《左传》等传世文献及金文、简帛等出土文献为目，对迄今所见吴国史料进行集成。其次立"新证"一目，对原文出现的地名、人名、史事等酌情注释；就相关问题介绍既有研究成果，并陈述作者自己的见解。因此，本书的内容已远远超出传统文献学的范畴，已然是一部吴国历史研究的"集解"。该书的出版，不仅会对吴国历史及吴文化的研究，甚至会对中国古代史的研究产生巨大的推动，而且也会对古文献的整理工作产生较大的影响。

本书的这种呈现形式，与传统的以书校书的文献整理成果已大不相同。以中华书局新点校本《史记·吴太伯世家》为例，新点校本与旧点校本之间几乎一字未改，足见传统的文献校勘方法已经走到了极限。另一方面，近年来出现的文献学整理新动向却非常值得关注。这一新动向就是在以书校书的基础上，将文本以外的资料也纳入文本的注释范围。这样的尝试从金子修一主编《大唐元陵仪注新释》、以窪添庆文为首的东洋文库中国古代地域史研究班编《水经注疏译注》(渭水篇上，渭水篇下，洛水、伊水篇)、李晓杰主编《〈水经注〉校笺图释》等文献整理成果中可窥一斑。这些成果在注释历史文献时，在文本之外，还吸纳了历史图片、历史地图、出土文字资料、地面文物、现场考察图文记录等，为读者呈现了一个崭新的视域。此外，东潮《〈魏书·东夷传〉的世界：邪马台国的考古学》、梁云《西垂有声：〈史记·秦本纪〉的考古学解读》更是将大量的考古出土资料活用到了历史文献的研究之中。笔者近年也在完善《建康实录》文本的基础上，力图结合六朝建康城的城市遗址、墓葬资料等地下出土遗物及地面遗存，将能够图示化的内容尽可能通过空间分布的形式呈现出来，让《建康实录》这部传世文献以一种全新的面貌展现给读者。本书无疑是这一学术发展动向中的尝试之作。

張学鋒

2020 年 6 月 30 日

前言：吴国历史研究的
新资料与新发现

一、《史记》与《吴太伯世家》

《史记》是研究先秦史最基本的文献，其优点古人早有定论。[①]
班固《汉书·司马迁传》云："自刘向、扬雄博极群书，皆称迁有良史
之才，服其善序事理，辨而不华，质而不俚，其文直，其事核，不虚
美，不隐恶，故谓之实录。"[②]范晔《后汉书·班固传》曰"迁文直而
事核，固文赡而事详"，[③]晋人张辅撰《班马优劣论》认为"迁之著
述，辞约而事举，叙三千年事，唯五十万言"。[④]《史记·太史公自
序》称该书写成后，"藏之名山，副在京师"，司马迁死后，"宣帝时，
迁外孙平通侯杨恽祖述其书，遂宣布焉"，魏晋时期《史记》流传稍
广，晋徐广作《史记音义》，刘宋裴骃采经传百家并先儒之说作《史
记集解》。《史记集解·序》曰："其言秦汉详矣。至于采经摭传，分
散数家之事，甚多疏略，或有抵牾……考较此书，文句不同，有多有
少，莫辩其实，而世之惑者，定彼从此，是非相贸，真伪舛杂……采
经传百家并先儒之说，豫是有益，悉皆抄内。删其游辞，取其要实，

---

① 《史记》的基本情况可参见《修订前言》和《附录》，中华书局，2013年。
② 班固：《汉书·司马迁传》，中华书局，1962年，页2738。
③ 范晔：《后汉书·班固传》，中华书局，1965年，页1386。
④ 《晋书·张辅传》，中华书局，1974年，页1640。

或义在可疑，则数家兼列。"

唐司马贞作《史记索隐》，张守节作《史记正义》沿用裴骃的思路，推求异文、考证史实、训释音义。此后，《史记》的基本面貌就已确定，各种形式的合注本开始盛行，[①]比如日本的《史记会注考证》就是将各种版本和注释做了集成，可以说各种版本异同基本罗列殆尽。1959年中华书局点校本《史记》出版，2013年又吸收了各种研究成果，对该版本进行了全面的修订，为最通行的版本。

《吴太伯世家》是《史记》卷三十一，《世家》第一，是研究吴国历史最系统的文献。《太史公自序》："太伯避历，江蛮是适；文武攸兴，古公王迹；阖庐弑僚，宾服荆楚；夫差克齐，子胥鸱夷；信嚭亲越，吴国既灭。嘉伯之让，作《吴世家》第一。"这段话相当于太史公的写作提纲。我们可以看出，他在撰写时已经确定了"太伯奔吴""封建吴国""阖闾入郢""夫差克齐""勾践灭吴"这五个主题。可见《吴太伯世家》虽然是一部系统的吴国史，但已经对原始史料进行过精心的剪裁。如果我们把各王所用字数做一统计，这一意图就会看得非常清楚。全文4 600余字，寿梦以前十九世450余字，寿梦80余字，诸樊270余字，寿梦至余眛死四王共计580余字，王僚近750字，阖闾613字，夫差1 060余字，赞论近170字，但季札就有1 020余字（不含王僚被杀后的73字）。虽然确如宋苏洵所云司马迁采用了"本传晦之，而他传发之"的互见法，[②]《史记》里有《伍子胥传》《刺客列传·专诸》《孙子吴起列传·孙武》等内容，但对于吴国国史来说，各王的事迹，特别是像寿梦这样的"始见于经传"的贤王，才是主题，所占篇幅却很小。那么是不是"文献不足征"呢？顾炎武云"凡世家多本之《左氏传》"。[③] 我们试着将《左传》的内容

---

① 《史记》的版本问题可以参考贺次君：《史记书录》，中华书局，2019年。
② 苏洵著、曾枣庄等笺注：《嘉祐集笺注》，上海古籍出版社，1993年，页232。
③ 顾炎武：《日知录》卷二十六，"史记"条。

插入《史记》后发现，太史公显然对各王的事迹进行了剪裁。即使如《太史公自序》所云"余所谓述故事，整齐其世传，非所谓作也"，也不是简单的"整齐"而已，而是带有强烈的个人史观。

根据《汉书·司马迁传》载，太史公"据《左氏》《国语》，采《世本》《战国策》，述《楚汉春秋》，接其后事，讫于天汉。其言秦汉详矣"。这是汉代人对《史记》史源的认识，根据日本人泷川资言在《史记总论》之《史记资材》的统计，《史记》的史源要丰富得多。①不但有经传，而且有诸侯史记，甚至有策士游说之词的照录。②但不可否认，主体仍是《左传》等书。具体到《吴太伯世家》，今人赵伯雄认为，《左传》之外，尚有取自吴国本国史记的内容，也有取自其他经传如《公羊传》，甚至还有诸子传说的内容。③《太史公自序》说他的目标是"成一家之言，厥协六经异传，整齐百家杂语"，并非一部事无巨细的实录。

《吴太伯世家》和《史记》其他内容一样，"甚多疏略，或有抵牾"，但苦于没有新资料，前人的研究只能在字句上有所改观，对于内容就无能为力了。宋代以来，金石学大兴，吴国青铜器偶有著录，学者们也做了一些探讨，但以著录为主。现代考古学兴起以来，不仅在吴越故地，而且在河南、陕西、山西、湖北、山东、安徽、江西等地都发现了数量不少的和吴国历史相关的铭文铜器。④近些年公布的《上海博物馆藏战国楚竹书》《清华大学藏战国竹简》两批楚简虽不是科学考古发掘所得，但其内容对于研究吴国历史意义重大，⑤过去零星发现的简帛也颇有补正吴史的作用。在这些新资料的推动

① 泷川资言：《史记会注考证》，上海古籍出版社，2016年，页4385-4400。
② 赵生群：《史记取材于诸侯史记》，载《〈史记〉文献学丛稿》，江苏古籍出版社，2000年；何晋：《战国策研究》，北京大学出版社，2001年，页44。
③ 赵伯雄：《〈吴世家〉史源探讨》，《古籍整理研究学刊》1992年5期。
④ 董珊：《吴越题铭研究》，科学出版社，2014年。
⑤ 杨博：《战国楚竹书史学价值探研》，上海古籍出版社，2019年，特别是第四章。

下，吴国史的研究出现了新的局面，对一些关键问题大家展开了深入的讨论。但这些资料和成果比较零散，利用起来有一定的困难。

王国维说"吾辈生于今日，幸于纸上之资料外，更得地下之新资料。由此种材料，我辈固得据以补正纸上之材料，亦得证明古书之某部分全为实录，即百家不雅驯之言，亦无不表示一面之事实"。① 真正以出土资料来补充、考证《史记》的现代学者，首推陈直先生。陈直先生《史记新证》自序中云"余之为新证，是在会注考证及考证校补之外，加以解释，其材料多取材于考古各方面。如殷代则用殷墟甲骨文，两周则用铜器铭文，秦汉则用权量、石刻、竹简、铜器、陶器诸铭文。使文献与考古合为一家，其他有新义者，亦一并附入……书名新证者，多以出土之古器物，证实太史公之纪载，与逐字作训诂音义者尚微有区别"。② 陈直所做《吴太伯世家新证》即全以金文资料为依据，但不足十条。有鉴于此，为便于利用和比较异同，我们拟以《史记》为骨干，将经传、金文、简帛等资料排比在《吴太伯世家》原文之下，以利于大家进一步认识和研究吴国历史。下文就这些资料做一说明。

二、金文资料

春秋时期的金文内容除了延续西周金文的祭祀、赏赐、盟誓等内容外，婚媾等外交内容相对较多。吴国历史相关的青铜器按国别可以分为三个层次：

1. 吴国本国青铜器。据董珊的初步统计，以兵器为主，礼乐器为辅，有 80 余件，特别是两柄余眜剑的发现，对吴国史的研究意义

① 王国维：《古史新证》，清华大学出版社，1994 年，页 2。
② 陈直：《史记新证》，中华书局，2006 年，自序页 3。

重大。通过对这些铜器的研究,我们初步排定了春秋时期除王僚之外的所有吴王的金文名,有人称之为夷式名;同时也基本归纳出了吴国国名"勾吴"的演变规律;吴季大器群的出现给我们探寻吴国起源提供了新线索;苏博余昧剑和绍兴路余昧剑的发现,为我们解决余祭余昧的王年问题提供了直接证据,加之伐麻之战的确认,使《史记》的正确性得到确认;特别是二剑铭中的"姑雠"二字确认后,我们联系诸樊诸器里的"姑發",对"姑苏"一词的意义做了探讨。吴国或相关国家的媵器为我们提供了认识吴国外交的新内容。除此之外,董珊等学者对一些人名和事件的深入考证和挖掘,给我们提供了补充和认识吴国历史的新证据。

2. 楚系与越国铜器。楚国是南方第一大国,经过历代楚王的不懈努力,几乎将南方诸侯吞并殆尽,或置郡县,或成盟国,形成了庞大的楚文化区。吴国兴起于江淮地区,西境即和楚国接壤。在吴国准备北上逐鹿中原之际,迅速和楚发生摩擦和对峙在所难免。因此,吴楚历史实质上你中有我,我中有你,在楚系青铜器铭文中保留有吴国历史信息自是正常不过。吴楚之交,主要是兵戎相见。《孙子兵法》云"知己知彼百战不殆",我们也尽量将当时敌对双方的执政者、军事指挥官、参战人员、武器装备等有关的铭文也一并收集。这样我们就能够更加深入理解历史的细节和形势。战争不但对当时经济社会文化造成深刻的影响,一些重大的军事行动,如吴师入郢之战,对后来的历史走向,甚至一些小国的存亡都起到了决定性作用。汉水流域的曾、随就是因为在吴师入郢、楚国面临灭国的危急时刻,保护了楚昭王,而和楚国结下了深厚的友谊,因此在江汉诸侯"尽属楚"的情况下,能继续"左右楚王",以楚国从属国的半独立身份与其共进退。这在曾国青铜器铭文中都有明确的反映。在吴楚之争中,江淮流域诸国的动向异常复杂,叛服无常,实际上是左右局面的一支重要力量,所以这些小国的金文也有相当高的史料价值。

　　虽然吴楚之争时期，越国作为楚国的远交，为配合楚国的行动也有一些牵制吴国的军事行动，但都是小规模低强度的助攻。吴建阖闾大城之后，吴越之争迅速替代了吴楚之争，吴越关系成为吴国历史的主要内容。越国在允常、勾践时期和吴国的交往比较多，越灭吴之后，楚进入吴国腹地，越北徙琅琊，后越王翳都吴，吴人孚错枝趁机自立为王。这些和吴国密切相关的内容在越国铜器中也有反映。据董珊收集统计，越国有铭铜器近120件，以兵器为大宗，内容涉及越国、越王的名号，越灭吴等重要内容。

　　3. 其他国别金文。吴国在立国之初即采取远交近攻的外交策略，联合北方的晋国对抗楚国。阖闾、夫差时期，国力达到鼎盛，开始寻求突破北方齐国进入中原的道路。在这个过程中，吴和齐展开了激烈的争斗，艾陵之战以吴胜利而告终，但齐国一直是吴国北方的强大对手。在战胜齐国之后，吴一路向西，进入中原，召集诸侯会盟，著名的赵孟庎壶即黄池之会的有关遗物。秦远离吴国，但和吴的强敌楚接壤，并且是盟国，所以在吴楚之争时，秦也对楚施以援手，据此推断秦系铭文中也许会有相关内容。此外，按《史记》的记载，吴国和晋南的虞国是兄弟之国，因此，虞国铭文也应该包含着吴国早期历史的信息。吴国是春秋晚期兴起的一支重要力量，吴越争霸戏剧性的翻转，给时人留下了深刻的印象。历史是一面镜子，这些经验和教训很快就被吸纳进了箴言之类的文本，并被铸刻在青铜器上以警示后人，著名的中山王鼎铭文里即有相关内容。

三、简帛和图像

　　李学勤在《简帛佚籍与学术史》自序里云："各地新发现的简牍帛书，是考古工作的最重要的收获之一，其价值之珍贵，影响之深远，实在难以估量。"①由于保存条件的缘故，主要是楚地和北方一些特殊埋藏环境下保留下来的简帛。尽管不是吴国境域内的简牍，其中包含的只言片语对于极度缺乏资料的吴国史而言，都弥足珍贵，其中《上博简》和《清华简》尤为重要。

《上海博物馆藏战国楚竹书》简称《上博简》，上海古籍出版社已出版了9册整理成果。该简为1994年上海博物馆从香港市场购买而得，具体出土地点已不可考证，据传出自湖北。经上海博物馆文物保护与考古科学实验室的科学测试与比较分析，当为战国晚期楚国贵族墓中的随葬品。内容总80余种，包括原存书题20余篇，全部是秦始皇"焚书坑儒"前原始的、第一手的战国古籍，涉及历史、哲学、宗教、文学、音乐、文字、军事等。其中以儒家类为主，兼及道家、兵家、阴阳家等，多为传世本所无。其中《吴命》是直接和吴国有关的内容，共存九简，"吴命"为原有篇题，书于第三简简背。全篇大致可分为两章：第一章记述吴王率军北上，至陈国境内，引起晋国恐慌，晋军遂派遣使臣与吴交涉周旋，终使吴军离开陈国；第二章为吴王派臣下告劳于周天子之辞，文句大致同于传世本《国语·吴语》。除此之外，涉及楚庄王、灵王、平王、昭王以及申公、白公、太子建等人的事迹，这些内容都和吴国史相关。

《清华大学藏战国竹简》简称《清华简》，中西书局已出版11辑整理成果。该简为2008年7月赵伟国向母校清华大学捐赠，计2 388枚战国竹简。这批竹简的出土时间、流散过程，如今已不得而知。竹简上记录的"经、史"类书，大多数前所未见。李学勤先生说"这将极大地改变中国古史研究的面貌，价值难以估计"。这批简书不仅有"诗书礼乐"，而且有大量的历史类书籍。其中和吴国历史直接相关的首推《越公其事》。《越公其事》全篇共75简，共分

---

① 李学勤：《简帛佚籍与学术史》自序，江西教育出版社，2001年。

为11章，详细叙述越王勾践兵败后经十年生聚、十年教训，依次实施好农、好信、征人、好兵、饬民"五政"，重新崛起，最终灭吴的经历。《越公其事》、《国语》中《吴语》和《越语》皆以勾践灭吴为主题，整体结构大致相似，但叙述过程详略不同，为我们提供了很多吴越争霸的细节。另一部和吴国史密切相关的文献是《系年》。《系年》一共有138支竹简，全篇共分为23章，记录了西周初年到战国前期的历史，其中有许多事件不见于传世文献，可能对《左传》《国语》《史记》等典籍有订正作用。《系年》虽是楚人著作，但涉及吴国历史的内容也不少，如申公巫臣、伍子胥、蔡侯等人，也有南淮之行、鸡泽之战等历史事件的记载，当然相关吴楚之间的记载就更丰富了。关于《系年》的研究，已经出版了清华简《系年》与古史新探研究丛书，学者们从文字考释、解释、与其他古籍的比较、书法等方面展开了全面的论述，可供参考。《良臣》共11支，简文通篇连贯书写，主要记述黄帝以至春秋著名君主的良臣，里面涉及伍子胥和伯嚭。

汉代简帛书中涉及吴国史的内容不多，较为系统的是马王堆汉墓所出《春秋事语》。《春秋事语》共十六章，原书没有书名，现在的书名和章节名是整理者所拟。其中第十章《吴人会诸侯章》、第十六章《吴伐越章》是有关吴国历史的内容。汉简对吴国史的另一重要意义是直接证明了孙武其人及其《孙子兵法》的真实性。《史记·孙子吴起列传》表明春秋战国时期有孙武和孙膑两个军事家，他们的著作均可称《孙子兵法》，《汉书·艺文志》载有《吴孙子兵法》八十二篇。但《史记》称吴王阖庐谓孙子曰："子之十三篇，吾尽观之矣。"在传末又论之曰："世俗所称师旅，皆道《孙子》十三篇、《吴起兵法》世多有，故弗论，论其行事所施设者。"司马迁在传记中写了两个孙子，一个是春秋时期的孙武，一个是战国时期孙膑，但是确定著作名称的只有一部：《孙子十三篇》。但作者到底是谁？

为何和《汉书》记载的篇数不合？有不少学者据此认为，司马迁可能是将一人误作两人，一书误作两书。也就是说，《孙膑传》中提到的传世兵法，就是《孙子》十三篇，作者就是孙膑，没有其他的兵法，也没有其他的作者。这个公案长期以来纠缠不清，众说纷纭。1972年在山东临沂银雀山的西汉墓葬中发现的《孙子兵法》和《孙膑兵法》证明《史记·孙子吴起列传》与《汉书·艺文志》中孙武和孙膑是不同时期的两个人，他们各有兵法著作传世的记载确凿无疑。银雀山汉简本《孙子兵法》下编残简《见吴王》中两次提到"十三扁（篇）"，1978年，在青海大通县上孙家寨出土的一批汉代木简中，又发现了一些《孙子》佚文，与银雀山竹简《孙子》所述相合，进一步证实了孙武著作的篇数。这两次出土文献是对司马迁《孙子》十三篇说法的最好印证，也就解决了《孙武兵法》真实性问题。

　　人类记录历史的方式主要有两种：一种是以语文，另一种是以图像。饶宗颐先生指出："由于'左图右史'的文化传统，中国古代重视图像较之文字毫不逊色。"[①]这些图像一方面铸造于青铜器或刻于岩石之上，或者和文字配合绘于竹帛。但因为载体和复制难度的不同，有关先秦的图像记录几乎湮没无闻。随着考古学的发展，偶有一些先秦图像得以重现，给历史研究提供了全新的素材。库尔特·塔科尔斯基说"一幅画所说的话何止千言万语"。正因为图像对史学如此重要，甚至催生了一门"形象史学"。孙晓先生在学术集刊《形象史学研究》前言开宗明义讲"形象史学，是指把形与象作为史料，用以研究历史的一门学问"，"具体来说，专门指运用传世的岩画、造像、铭刻、器具、书画、服饰等一切实物作为证

---

① 饶宗颐：《〈展现图像主体下的中华文化史研究重要意义——中华图像文化史〉序》，《中国编辑》2017年2期。

据。结合文献来考察史实的一种新的史学研究模式"。① 有鉴于此，我们尽量将有关的图像也予以收集，如著名的水陆攻战图对于解释吴楚水战就是非常好的资料，比纯文字的描述要直观得多。最近发现的海昏侯墓孔子画像描绘了孔子及其门徒的形象，这里面就包括和吴国历史有关的子贡。遗憾的是，这样的素材实在太少。到东汉，画像石格外盛行，且易于保留。古圣先贤、历史故事、神话传说以及统治阶级享乐生活的情景也常见于画像石。画像石虽不是同时代人所做所绘，但依然可以从中看到历史的印迹，也记录了汉代人对相应历史事件的理解。魏晋时期，著名的季札挂剑、伍子胥谏吴王的情节都在文物里有所发现。这些零星的图像是不可多得的形象史学史料，值得进一步研究。

　　另一个不同于传统史学研究的是，我们加入了一些器形和实物的内容。春秋时代距今已远，文字记录里涉及很多器物的名称，现今这些器物有了名物学的研究成果，我们配以图像，以便于准确理解历史。

四、城址、墓葬考古发现

　　先秦国家的形态和后世颇不相同，大多国家是城邦式国家，国即是城，城即是国。国家一般由大的城市，特别是国都为核心，再辅以周边的一些邑构成，国与国之间没有明显的疆域界限。因先秦的战争主要是对城邑的争夺，占领一个国家或消灭一个国家，只需要占领其主要的城市大功即可告成。因此，城市遗址是研究吴国历史重要的材料之一。司马迁虽然在年轻时游历过吴越，但在

---

① 中国社会科学院历史研究所文化史研究室：《形象史学研究》前言，人民出版社，2011 年。

《史记》里并没有对吴越都城的记录，这为我们后人理解吴国史，特别是吴国早期历史留下了很多困惑。城址中最重要的首推吴国都城相关城址。据张敏先生统计，鸠兹、葛城、固城、阖闾城、木渎古城、淹城、天目山古城和佐安城等城址均可能和吴国都城有关。这些城址的发现和发掘，一方面为我们提供了复原吴国文化面貌的素材，另一方面为我们确定吴国都城地望及其迁徙提供了证据和思路。除了吴国城址外，楚国都城，特别是郢都对于吴国史意义重大。郢都地望直接关系着吴入郢一系列地名和路线的确定。蔡、徐、群舒、巢、唐、江、黄等这些夹在吴楚之间的江淮小国城址的确定，对吴国史的研究也有很重要的意义。越国是吴国晚期的主要对手，其城址对吴国史的意义自然和楚国城址一样重要。①

　　城址之外，墓葬考古是补正吴国史的另一大资料来源。吴国王陵虽然目前仍不能确定，但已经发掘的众多土墩墓，特别是宁镇地区一系列的发现，为我们寻找吴王陵提供了线索，苏州真山墓的发掘更进一步推动了这一课题的研究。但非常遗憾的是，目前还没有办法确定吴越地区很多墓葬的归属。相对而言，越墓的发现多一些，我们可能需要加大对越墓的研究，然后使用排除法来认定吴墓。蔡侯墓、楚墓、越墓、齐墓等周边国家墓葬里发现的遗物，特别是青铜器铭文对于吴国史的研究更是不可或缺。这些铭文一方面反映了当时的史实，另一方面也反映了不同作者站在不同立场对同一事件的不同记叙。如曾侯与编钟记载吴入郢就称"吴恃有众庶，西征南伐，乃加于楚"。这一记载显然带有谴责吴国的意味，如果有吴国铜器记载此事，一定会是另一个版本。现代史学认为，历史的研究不仅仅是文本的研究，物质文化也是历史的重

---

　　① 中国社会科学院考古研究所：《中国考古学·两周卷》第七章，中国社会科学出版社，2004 年。

要组成部分,因此墓葬随葬品的发现无疑是研究吴国物质文化史最好的素材。①

五、我们的设想与工作

上世纪 50 年代以来,中国考古和史学研究取得了长足的进步,特别是改革开放以来,重大考古发现层出不穷,各种资料汇编和数据库建设迅猛发展,过去不易见到的零散资料得到汇集,特别是楚国、吴越史相关的金文、简帛资料的综合整理给研究者带来了极大便利。在这种有利的形势下,发端于民国时期的吴越史研究也开始走上快车道。一些以出土资料为主要依据的研究,特别是一些学位论文如《春秋时期的纪年铜器铭文与〈左传〉的对照研究》②《〈史记·楚世家〉新证》③《〈史记〉殷周秦本纪新证图补》④《出土商周时期青铜器铭文中的国名考察》⑤《吴越史新探》⑥《殷周金文所见地名辑释》⑦《出土楚文献所见人名研究》⑧《吴越文字资料整理及相关问题研究》⑨《出土文献与吴越史专题研究》⑩在利用出土文献方面做出新探索和表率。

---

① 中国社会科学院考古研究所:《中国考古学·两周卷》第九章,中国社会科学出版社,2004 年。

② 王泽文:《春秋时期的纪年铜器铭文与〈左传〉的对照研究》,中国社会科学院博士学位论文,2002 年。

③ 丁晓珉:《〈史记·楚世家〉新证》,南京师范大学硕士学位论文,2003 年。

④ 陈家宁:《〈史记〉殷周秦本纪新证图补》,厦门大学博士学位论文,2008 年。

⑤ 徐世权:《出土商周时期青铜器铭文中的国名考察》,吉林大学硕士学位论文,2009 年。

⑥ 张志鹏:《吴越史新探》,河南大学博士论文,2012 年。

⑦ 王自兴:《殷周金文所见地名辑释》,郑州大学硕士学位论文,2014 年。

⑧ 白显凤:《出土楚文献所见人名研究》,吉林大学博士学位论文,2017 年。

⑨ 马晓稳:《吴越文字资料整理及相关问题研究》,吉林大学博士学位论文,2017 年。

⑩ 刘光:《出土文献与吴越史专题研究》,清华大学博士学位论文,2018 年。

　　鉴于吴越史的地域特性，它的研究带有非常强烈的地方主义色彩。这种色彩有利的一面是，地方学者对所研究的区域耳熟能详，资料熟悉；不利的一面是地方学者在使用史料时带有明显的选择性，甚至有将传说当作关键史料的危险。对于吴国史研究而言，人们熟知的《吴越春秋》《越绝书》前贤早已指出是类似小说家言的作品，但仍有学者深信不疑。这类文献，尽管带有历史的影子，但在关键问题的论证上，仍需要认真分析。但严肃学者也有很矛盾的地方，比如当《左传》和《史记》记载互异时，有的学者就坚持认为时代早者较时代晚者可信。如此种种，都影响了我们深入理解吴国史的真实面貌。因此，我们采取兼容并包的策略，将有关的史料以《吴世家》原文为骨干，以《春秋》《左传》"金文""简帛文献"为枝叶，再辅以自己的理解对前述资料做一疏解。《史记》《春秋》《左传》属于传统意义的文献，而金文则属于春秋人的记录，简帛为战国秦汉人的记录。将这些资料按时间主轴依次排比，并结合各位学者的研究成果的分析，以利于进一步深入研究使用。

　　总而言之，这是一个资料汇编性质的尝试，我们在文中不强做断语，尽量多说并存。作为一个不成熟的试验品，如果能够引起大家的关注，能成为"众矢之的"，我们的目的就达到了。

凡　　例

1.《史记》底本为中华书局最新点校本,三家注暂不录入。为便于行文,分段可能有调整。

2.《春秋》《左传》底本为中华书局杨伯峻译注本。

3. 首列《史记》原文,逐年将《春秋》经、传原文附入,次后为简帛文献。

4. 出土文献录文为便于阅读,一律用通行文本。

5.《春秋》经、传前单列纪年,以吴、鲁纪年及公元纪年为序。

6. 新证部分引用诸家见解随文注出,为避免繁复,径称尊名。

7. 引用金文资料以吴镇烽《商周青铜器铭文暨图像集成》为主,漏收者以原发表为准。

8. 考古资料、图像资料随文注出。

9. 举凡地名人名史事有堪参考者,均酌情探讨,但不强做结论。

先　　祖

吴太伯,太伯弟仲雍,皆周太王之子,而王季历之兄也。季历贤,而有圣子昌,太王欲立季历以及昌,于是太伯、仲雍二人乃奔荆蛮,文身断发,示不可用,以避季历。季历果立,是为王季,而昌为文王。太伯之奔荆蛮,自号句吴。荆蛮义之,从而归之千余家,立为吴太伯。

【新证】

太伯仲雍奔吴之地,历来异说纷呈,一说宝鸡吴山,一说江汉,一说太湖流域,一说赣鄱流域,至今仍无定论。所奔荆蛮,究为一具体地点,还是泛指不开化之郊野,亦无法判定。①

荆楚或楚荆,西周早期金文即已常见,如五祀卫鼎有荆人,盄簋、鸿叔簋、驭簋、史墙盘、过伯簋铭文里都有伐荆楚的记载。荆在殷墟甲骨中已有发现,偶尔写作"井方",是其简写,周原则出现了内容为"今秋楚子来告父后哉""楚伯乞今秋来即王其则""其微、楚厥燎,师氏受燎"的甲骨。王辉先生利用甲骨和周原青铜器铭文如史墙盘等,认为楚是西周畿内之地。② 尹盛平等人利

---

① 诸说详情请参阅拙作:《太伯奔吴诸说平议》,《泰伯文化研究》(二〇一七年卷),古吴轩出版社,2018年。
② 王辉:《西周畿内地名小记》,《考古与文物》1985年3期。1977年陕西岐山凤雏建筑基址内H11和H13出土有字甲骨,其中涉及"楚"三片甲骨出自H11,即H11:4、H11:14和H11:83。

用这一成果进一步推测太伯所入之荆蛮应在周原附近。[1] 清华简《楚居》篇公布之后，学界再次对荆蛮与荆楚做了探讨，荆蛮和荆楚的关系，或许为荆原为单独蛮族，后楚南徙和荆融合，后合称荆楚。[2] 但从目前的证据来看，江汉流域的可能性最大，因为西周最初的封国也在江汉，比如汉阳诸姬。这说明，江汉流域和周人有着某种亲合关系。如果采用迁移说来解释，或可解开江南吴人来源之谜。

断发文身，乃吴越水乡先民之习俗，在宁波博物馆藏羽人竞渡纹钺，绍兴漓渚中庄出土鸠杖首，浙博藏青铜凤鸟纹器座之人形跪坐俑、伎乐俑铜屋，南博藏丹徒北山顶出土鼓环、鸠杖，德清县洛舍龙山春秋墓权杖上均有短发纹身之形象。尹盛平则认为宝鸡茹家庄一号车马坑一号车铜辕饰上的人物形象就是荆蛮的断发文身者。[3] 对于此类人物形象，最近俞珊瑛提出了异议，她认为当时人口迁移频繁，把吴越地区青铜人像全部认作越人是不合适的。[4] 西周晚期江淮流域人的体质特征和服饰也可参见晋侯铜人。晋侯铜人铭文明确指出是晋侯所俘获的淮夷。[5] 镇江博物馆藏人面纹錞于，也可能是江淮土著的形象（图一）。

勾吴，即工吴，今所见吴器写法较多，"勾"多写做"工"或"攻"，仅有一器做"窑"。吴，写法较多，有以"五"为声符、以鱼为声符及

① 尹盛平：《西周史征》第一章第三节，陕西师范大学出版社，2004 年。
② 赵炳清：《"荆""楚"称号申论》，《荆楚学刊》2013 年 5 期；王准：《秦简牍中若干涉及"荆""楚"史料与相关问题研究》，《长江大学学报》2017 年 1 期。
③ 尹盛平：《西周史征》，陕西师范大学出版社，2004 年，页 57－58。
④ 俞珊瑛：《吴越地区的青铜人像是否为越人？》，《典藏》2019 年 8A（吴越楚文化专辑）。
⑤ 李学勤：《晋侯铜人考证》，载《新出青铜器研究》，人民美术出版社，2016 年，页 306－309，通鉴 19343。

图一

1. 鸠杖（纹身正面）　2. 鸠杖（纹身反面）　3. 鼓环（断发）
4. 晋侯铜人　5. 晋侯铜人铭文

"吴"等不同形式。① 金文中亦有一例，即"宋公栾簠"铭文作"有殷天乙唐（汤）孙，宋公栾作其妹句敔（吴）夫人季子媵簠"（图二），这是北方人以北方语音汉字记录吴音的结果。至阖闾夫差时期，吴国的国名渐渐固定于"吴"，这一过程我们称之为去蛮夷化过程。尹盛平认为陕西宝鸡弜国墓地所出铜器铭文中的"弜"字可以用复

———————

① 可参见曹锦炎：《从青铜器铭文论吴国的国名》，载《吴越历史与考古论丛》，文物出版社，2007年，页1－4。

图二
宋公栾簠铭文

音语读为"弓鱼"，春秋金文吴王自称的工虞、工歔、攻敔、攻吴等族名，都是由"弓鱼"这一族名演变而来。① 尹盛平此说是为了调和文献和现实之间的关系而做的解说，处于秦岭南北两侧的弓鱼人如何进入江淮流域，尹先生并未给出合理解释。再加之改封说的主要依据宜侯夨簋吴器说已被否定，尹先生的推论也就需要重新考虑了。但太伯如果出奔，不外西出陇山和南越秦岭二途，尹先生的思路依然有启发意义。

　　自号"勾吴"，过去多认为是姑苏的对音，有人认为是勾画鱼文于身体，②最近有人以为是"后吴"的对音，③但这和金文里"工吴"很难合拍，恐不可取；苏州博物馆余眛剑公布以后，我们已经考定"姑雠"即"姑苏"的对音。④ 我和张学锋教授在对谈时曾怀疑可能是现在吴方言里第一人称"我"的发音，自号既可以是对国号的称呼，也有可能是对自己的称呼。如此，则吴方言虽然形成颇晚，但春秋吴国的烙印却深深留在了语音的基因里。吴国的国名"吴"下部的偏旁，李学勤先生认为是其声符"虞"，⑤根据马超最新研究，这个声符当为"胡"。⑥

---

① 尹盛平：《西周史征》，陕西师范大学出版社，2004 年，页 71。
② 殷伟仁：《吴国国名的文化蕴意》，《学术月刊》1994 年 2 期。
③ 刘钊：《关于〈吴越春秋〉一段疑难文意的解释》，《文献》2020 年 1 期。
④ 程义：《"姑苏"新考——以新出青铜剑铭文为基础》，载苏州博物馆编：《兵与礼——苏州博物馆新入藏吴王余眛剑研讨会论文集》，文物出版社，2015 年，页 77 - 89。
⑤ 李学勤：《中国古代文明研究》，华东师范大学出版社，2005 年，页 150。
⑥ 马超：《出土文献释读与先秦史研究》，科学出版社，2019 年，第三章第三节《吴越文字中读为鱼部的"大"形来源试析》，特别是页 115。

表一　金文吴国国名

时　期	国　名
寿梦	邗？窬攵、攻攵
诸樊	工攵、工盧、攻敔(？)、攻盧、攻攵
余祭	攻盧、工盧、工吴
余眛	攻敔、攻盧
王僚	攻敔
阖闾	攻敔、攻䳒、攻吾、攻敔
夫差	敔、攻吴、攻敔、攻敔、(邗？)吴

太伯卒，无子，弟仲雍立，是为吴仲雍。仲雍卒，子季简立。季简卒，子叔达立。叔达卒，子周章立。是时周武王克殷，求太伯、仲雍之后，得周章。周章已君吴，因而封之。乃封周章弟虞仲于周之北故夏虚，是为虞仲，列为诸侯。

【新证】

吴仲雍，又称吴仲，亦即虞仲，卢连成、尹盛平在宝鸡调查①所得之夨中戈(图三)，诸家释夨为虞、吴，刘启益认为这个虞仲应是仲雍的曾孙虞仲，夨仲戈就是这个虞仲制作的。② 王明珂认为，这个夨位于歧周附近，是姜姓，太伯所奔的吴很有可能是这个夨，位于宝鸡附近。③ 曹定云认为这个西周时期的夨国，位于今宝鸡千河流域，早期在上游陇县一带，晚期到了下游宝鸡凤翔，其东与井、

① 卢连成、尹盛平：《古夨国遗址、墓地调查记》，《文物》1982年2期。
② 刘启益：《周夨国铜器的新发现与有关历史地理问题》，《考古与文物》1982年2期。
③ 王明珂：《西周夨国考》，《大陆杂志》1987年第75卷2期。

南与散接壤。① 这个"夨"字,陈剑根据清华简的新资料将其改释为"胡",②那么所谓西虞就缺乏依据了。更有学者认为夨国为仲雍之后,强国(图四)为太伯之后。然并无确切证据,可备一说。③无锡梅村泰伯庙、常熟虞山虞仲墓,这是后人所为,可不论。

图三　夨仲戈铭文　　　　图四　鱼伯鼎铭文

武王克殷,即武王灭商,在文献和金文里也多有记载,如何尊、利簋、史墙盘、逨盘、㝬钟等器(图五)。此事件亦见于新出《清华简·系年》第三章"周武王既克殷"。

封于夏墟之北虞,春秋时仍存在,有虞侯政壶、虞司寇伯吹壶为证(图六)。另外,据李学勤先生研究,叔向父即金文里习见的叔向父禹,封邑为井。而根据《晋世家》井伯百里奚为虞国公族,那么叔向禹也应是井氏一员。叔向簋(图七)在芮城出土,与虞国的地望接近。④ 此簋也应是西周晚期和北虞有关的铜器之一。夏墟,即今山西平陆县张店古城,也就是古虞城所在。据说上世纪八十年代曾出土过虞国贵族墓葬和车马坑。⑤

---

① 曹定云:《西周夨国考》,《出土文献研究》第五集,科学出版社,1999 年。
② 陈剑:《据〈清华简(伍)〉的"古文虞"说毛公鼎和殷墟甲骨文的有关诸字》,《古文字与古代史》第 5 辑,台北史语所,2017 年,页 261-286。
③ 尹盛平:《西周史征》,陕西师范大学出版社,2004 年,页 42。
④ 李学勤:《青铜器与山西古代史的关系》,载《新出青铜器研究》,页 219。
⑤ 卫斯:《晋"假虞伐虢"的道路和战场问题的再探讨》,《中国历史地理论丛》2010 年 2 期。

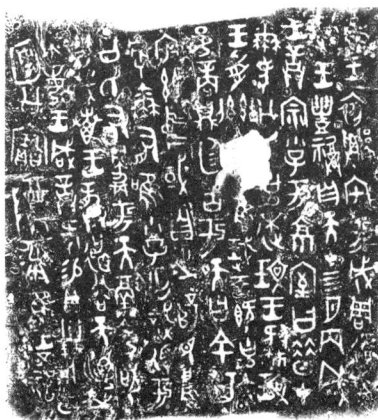

1

2

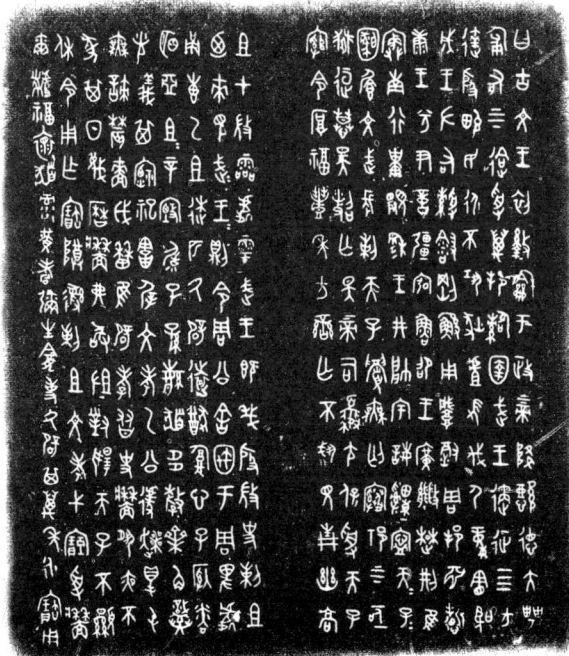

3

4　　　　　　　　　　　5

图五

1. 何尊铭文　2. 利簋铭文　3. 史墙盘铭文　4. 逨盘铭文　5. 㝬钟铭文

1　　　　　　　　2

图六

1. 虞侯政壶铭文　2. 虞司寇伯吹壶铭文

图七　叔向簋铭文

周章卒,子熊遂立。熊遂卒,子柯相立。柯相卒,子彊鸠夷立。彊鸠夷卒,子余桥疑吾立。余桥疑吾卒,子柯卢立。柯卢卒,子周繇立。周繇卒,子屈羽立。屈羽卒,子夷吾立。夷吾卒,子禽处立。禽处卒,子转立。转卒,子颇高立。颇高卒,子句卑立。是时晋献公灭周北虞公,以开晋伐虢也。句卑卒,子去齐立。去齐卒,子寿梦立。寿梦立而吴始益大,称王。

【新证】

周章,唐兰认为宜侯夨簋(图八)铭文里的虞公父丁,就是叔达,宜侯夨就是周章;①李学勤先生认为,宜侯夨簋里的虞公即周

----

① 唐兰:《宜侯夨簋考释》,《考古学报》1956 年 2 期。

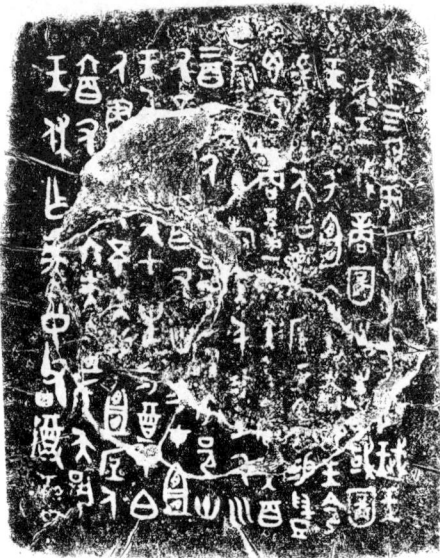

图八　宜侯夨簋铭文

章，而夨相当于康王时期的熊遂。[1] 董楚平则认为虞公为季简，夨为叔达，夨是名，叔达是字。[2] 后来李学勤先生修正了自己的观点，认为宜侯夨簋中的虞公父丁为二人，即周章和熊遂，作器人是柯转。[3] 曹定云认为宜侯夨即作册夨，亦即虞侯夨、夏夨，四种称呼是一个人，虞侯夨的父亲即虞公父丁，即虞仲，虞侯夨改封宜地是为了腾出虞地给虞公。[4] 胡顺利早在 1982 年就提出，宜侯夨簋

---

[1] 李学勤：《宜侯夨簋与吴国》，《文物》1985 年 7 期。
[2] 董楚平：《吴越徐舒金文集释》，浙江古籍出版社，1992 年，页 2 - 23；董楚平：《吴越文化新探》，浙江人民出版社，1988 年，页 151。
[3] 李学勤：《宜侯夨簋的人与地》，《走出疑古时代》，辽宁大学出版社，1994 年，页 260 - 262。
[4] 曹定云：《古文"夏"字再考——兼论夏夨、宜侯夨、乍册夨为一人》，《考古学研究》(五)，科学出版社，2003 年。

只是周人势力达到东南的实证,但不是吴文化遗存。^① 最近王一凡对此器的研究做了综述,^②田率、^③钱公麟^④等对宜侯夨簋的族属、出土环境做了新的判读,值得重视。总而言之,大家倾向于认为宜侯夨簋是一件舶来品,可能不是吴器,所以也不能以此器铭文来讨论吴国的早期历史。陈剑认为"夨"是"胡"的初形,那么宜侯的名字当为"胡",这样一来,宜侯夨簋和吴国的关系就断开了,并且宜国的金文资料在山西霸国青铜器里也有发现,学者认为宜侯夨簋所记的史实应发生在山西,宜国应和霸国距离不远,即山西翼城一带。因此,宜侯夨簋只是某种原因流动到镇江,它并不是吴国铜器,也就与吴国始封或迁徙无关了。^⑤

黄锦前最近对虞国有关铜器做了进一步探索,他认为宜侯夨簋是最早有关北虞的记录,虞公即首任虞侯,是武王所封亶父之子虞仲后人,虞侯夨系第二代虞侯,约为康王时人。班簋、师西簋里的"吴"都应该读作"虞",指姬姓虞国。^⑥

张懋镕师对国博收藏的伯硕父鼎进行研究时,深入探讨了和吴国相关的西周青铜器和最近出现的吴季大诸器。懋镕师认为,吴器的风格还不确定,要断定宜侯夨簋为吴器,论据尚嫌不足。夨国、虞国、吴国三国在西周同时存在,当时人不可能糊涂到允许三国国名不加区分。在梳理一批和吴有关的青铜器及吴季大器之后,他认为:两周时期的吴器:1. 无论形制、纹饰、字体,西周时期的吴器和王畿地区的铜器高度相似;2. 到了春秋早期,吴国器有了

① 胡顺利:《对〈宜侯夨簋考释〉一文的看法》,《江汉考古》1982 年 2 期。
② 王一凡:《宜侯夨簋学案综理》,http://www.gwz.fudan.edu.cn/web/show/4236。
③ 田率:《宜侯夨簋铭文相关史地国族问题补论》,《古代文明》2019 年 1 期。
④ 钱公麟:《从〈宜侯夨簋〉谈起》,《中国文物报》2016 年 10 月 21 日。
⑤ 马超:《出土文献释读与先秦史研究》,科学出版社,2019 年,页 202 - 211。
⑥ 黄锦前:《论吴季大诸器及有关虞国青铜器》,《陕西历史博物馆论丛》(第 26 辑),三秦出版社,2019 年。

自身特点，如吴季大器群；3. 春秋早秋吴国器装饰考究，艺术水平很高；4. 吴国族与包括姜氏在内的姜姓集团长期友好；5. 西周中晚期，吴国贵族有成员在王畿担任要职；6. 至少有一支很可能在西周早期东征后来到山东。山东出现这么多的吴器，不是什么虞国的所在地，叔矢之矢可以通虞，但不意味着作为国名也可以通假，矢国就是矢国，虞国就是虞国，都不是吴国。①

　　对于吴之先祖，《史记》本身记载纷扰，太伯奔吴之说学界早有怀疑。出土文献仅有者减钟（图九）略有线索，但诸家对者减和皮然的解释则众说纷纭。皮然，王国维、②容庚③认为是颇高，郭沫若、④杨树达⑤认为是柯转，马承源、⑥冯时⑦认为是毕轸，即勾卑；唐兰认为皮难即诸樊，李家浩则认为当为阖闾，⑧曹锦炎甚至隶定绍兴路吴剑和苏博吴剑剑主为"姑雠皮难"，⑨亦即皮难是余眛。除曹锦炎为误释外，其他对皮难的考释均无太多证据，马说或较优。者减，杨树达先生说："者减之名，经传无所见，余以声求之，盖即《史记·吴世家》之柯转也。""者减之合音为转，故铭文作者减而《史记》作柯转"，并以"寿梦为乘之合音"为其例证，认为此钟是者减亦即（柯）转为王以前所制。马承源先生指出"者减无可考。毕

---

　　① 张懋镕：《中国国家博物馆所藏西周青铜器选粹》，载《古文字与青铜器论集》（第六辑），科学出版社，2019年，页34-39。

　　② 王国维：《攻吴王大差鉴跋》，《观堂集林》，中华书局，1961年，页898-899。

　　③ 容庚：《善斋彝器图录》，哈佛燕京学社，1936年。

　　④ 郭沫若著，张政烺批注，朱凤瀚等整理：《张政烺批注〈两周金文辞大系考释〉》，中华书局，2011年。

　　⑤ 杨树达：《者减钟跋》，《积微居金文说》，上海古籍出版社，2007年，页223-224。

　　⑥ 马承源：《关于翏生盨和者减钟的几点意见》，《考古》1979年1期。

　　⑦ 冯时：《叔鸟巢钟铭文考释》，《考古》2000年6期。

　　⑧ 李家浩：《工吴王者彶鼠剑与者减钟》，《古文字与古代史》第3辑，台北中研院，2012年。

　　⑨ 曹锦炎：《新见攻卢王姑發皮难剑铭文及相关问题》，载苏州博物馆编：《兵与礼——苏州博物馆新入藏吴王余眛剑研讨会论文集》文物出版社，2015年，页12-20。

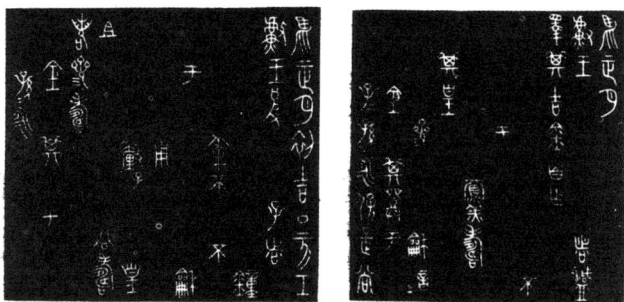

图九　者减钟铭文

轸即句卑,子去齐为吴王,者减与去齐并非一人,应与去齐为兄弟
行。董楚平认为"者减当是本名,去齐是后取的字"。① 冯时也认
为者减即去齐。② 马国伟综合诸家意见后认为,者减钟的形制、纹
饰与西周晚期和春秋早期甬钟相异,又与所见吴越春秋末期甬钟
差别较大,者减钟的年代可能更倾向于春秋中期前后。因为者减
钟和上博藏邾公钟形制纹饰都非常接近,而朱公钟的器主是邾宣
公,者减钟的时代应接近邾宣公的时代,而邾宣公时代恰是寿梦治
吴时代,因此者减钟可能是寿梦时期铸造,皮难应为去齐。③

表二　者减、皮难身份

	皮难	者　减	出　　　处
王国维	颇高	—	《观堂别集》
容　庚	颇高	—	《善斋彝器图录》
郭沫若	柯转	颇高兄弟	《两周金文辞大系图录考释》

① 董楚平:《吴越徐舒金文集释》,浙江古籍出版社,1992年,页26-39。
② 冯时:《叡巢钟铭文考释》,《考古》2000年6期。
③ 马国伟:《先秦吴越音乐研究》,人民音乐出版社,2019年,页180。

续　表

	皮难	者　减	出　　处
杨树达	禽处	柯转	《积微居金文说》
温廷敬	—	诸樊	《中山大学文史学研究所月刊》
马承源	勾卑	去齐兄弟	《考古》1979 年 1 期
冯　时	勾卑	去齐	《考古》2000 年 6 期
董楚平	勾卑	去齐	《吴越徐舒金文集释》
马国伟	去齐	寿梦时期某人	《先秦吴越音乐研究》
马晓稳	诸樊		《吴越文字资料整理及相关问题研究》

　　与吴国先祖有关的铜器尚有邘王是野戈(图十)和伯剌戈(图十一)。邘王是野戈铭文：“邘王是野作为元用。”郭沫若推断本铭的“邘王是野”为“吴王寿梦”，“寿、祝、孰、乘，是一声之转；姑、诸、野，古音同在鱼部，梦音近对转，古或读如慕，高本汉读如此”，①罗常培把近代人对周秦古音的拟读标出来，进一步从音理上证成郭说，“‘是野’与‘乘诸’的拟音最为接近，‘乘诸’当是‘是野’的音转”。② 董楚平认为“此戈拟为寿梦戈，是凭声类推论，器主是否为寿梦，尚难论定”。但董楚平确信该器为吴王器。③ 李夏廷、董珊认为该戈不是寿梦戈，而是春秋晚期某位吴王，④或即赵孟疥壶里的邘王夫差。徐超对李夏廷的观点提出异议，并指出暂时还是认为是野为寿梦，支持郭沫若的看法。⑤ 井中伟通过形制、文字等方面比较后，也支持郭沫若

---

　　① 郭沫若：《吴王寿梦之戈》,《光明日报》1950 年 6 月 7 日。
　　② 罗常培：《关于〈吴王寿梦之戈〉音韵上的一点补充》,《光明日报》1950 年 6 月 21 日。
　　③ 董楚平：《吴越徐舒金文集释》,浙江古籍出版社,1992 年,页 87－88;董楚平、金永平：《吴越文化志》,上海人民出版社,1998 年,页 72。
　　④ 李夏廷：《"邘王是野戈"杂议》,《故宫博物院院刊》2008 年 6 期。
　　⑤ 徐超：《吴越兵器铭整理与研究》,安徽大学硕士学位论文,2014 年。

等人的看法。① 王晖认为邗是一个古国，后被吴所灭并迁都于邗，故吴王可称邗王。② 伯刺戈铭文为"西野王之孙，嚣仲之子白（伯）刺，用其（?）金，自作其元戈"。"西野"周小陆师认为第一字为毕，后一字为芒，毕芒即毕轸，也就是勾卑，嚣仲即去齐，伯后一字当隶定为"乘"，即寿梦。③ 吴聿明认为"毕当释为西"，西野即是野，也就是寿梦，伯刺即王僚，嚣仲是余祭或余眛。但井中伟发表了不同看法，④ 认为器形属于春秋早期楚系风格，与吴国没有任何关系。

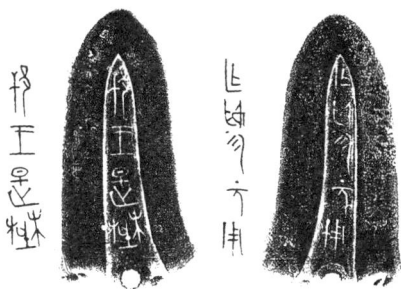

图十
邗王是野戈铭文

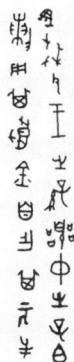

图十一
伯刺戈铭文

图十二
吴王戈铭文

《铭图》16977 之吴王戈（图十二），铭文作"窮（窮）戲王之新族戟"，形制不同于诸樊戈，时代为春秋早期。这件戈的主人必是至少和寿梦同期的某位吴王，或许就是寿梦。

---

① 井中伟：《东周吴越铜戈比较研究》，《东南文化》2008 年 3 期。

② 王晖：《西周春秋吴都迁徙考》，《历史研究》2000 年 5 期。

③ 周小陆：《吴伯刺戈读考——兼谈邗王是野戈》，《南京博物院集刊》1985 年第八集。

④ 据马晓稳论文转述，未有文字发表。

　　《史记》有《晋世家》，唐叔虞所封之国。中国国家博物馆所藏的觉公簋（图十三）铭文作：觉公作郪姚簋，遘于王命易（唐）伯侯于晋，佳王廿又八祀。∏。① 经朱凤瀚先生研究，铭文就是讲周成（或康王）王二十八年成王之弟唐徙侯于晋，即从唐徙封到晋，即后来的晋国。晋侯墓地出土多位晋侯之器，此不列举。晋在春秋时期成为重要的诸侯，传世器"晋姜鼎"（图十四）铭文据于省吾研究，与晋文侯护送平王东迁有关，是对文侯护佑周室有功的追述。②

图十三　觉公簋铭文

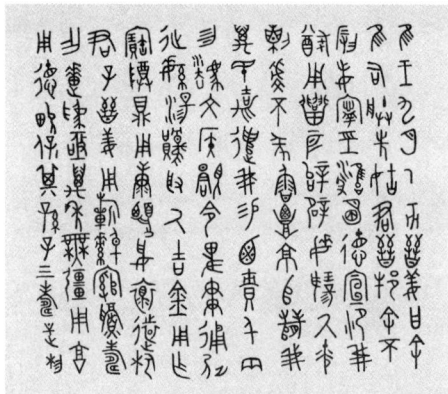

图十四　晋姜鼎铭文

　　灭虞之晋公为晋献公。献公《史记》名籍，《世本》作苏，学者多以为晋献公即晋侯苏。晋侯苏钟（图十五）16 件，曲沃北赵晋侯墓地出土，诸家多以为是晋献公之器。③ 金文适与文献合，故晋献公名当以苏为准。吴镇烽师认为晋公盘（图十六）中的"我剌考宪公"即晋献公，名诡诸；清华简《系年》第六章有晋献公及骊姬的记载；

---

① 朱凤瀚：《觉公簋与唐伯侯于晋》，《考古》2007 年 3 期，《铭图》04954。
② 于省吾：《双剑誃吉金文选》，中华书局，1988 年，页 148。
③ 文物编辑部：《晋侯苏钟笔谈》，《文物》1997 年第 3 期。

马王堆帛书《春秋事语》①有《晋献公欲得随会章》《晋献公欲袭虢章》，而《晋献公欲袭虢章》"弗听，遂受其□而假之道。献公之师袭虢还，遂□虞"即是北虞假道于晋，而顺道被灭的记载。

图十五
1. 晋侯苏鼎铭文　2. 晋侯苏钟铭文

图十六
晋侯盘铭文

　　山东大汶口汉画像石中有晋献公及骊姬之形象，特别是泰安大汶口一块画像石带有"此晋浅公""此后母离居"字样榜题（图十七），据王恩田考释，晋浅公即晋献公，离居即骊姬。②

___

　　① 马王堆汉墓帛书整理小组：《马王堆汉墓出土帛书〈春秋事语〉释文》，《文物》1977 年 1 期。

　　② 王恩田：《泰安大汶口汉画像石历史故事考》，《文物》1992 年 12 期；原拓本见《泰安大汶口汉画像石墓》，《文物》1989 年 1 期，第二石右段。

图十七　晋献公题名

自太伯作吴，五世而武王克殷，封其后为二：其一虞，在中国；其一吴，在夷蛮。十二世而晋灭中国之虞。中国之虞灭二世，而夷蛮之吴兴。大凡从太伯至寿梦十九世。

• 吴去齐（宣公八年、公元前 601 年）

《左传》：

楚为众舒叛，故伐舒蓼。灭之。楚子疆之。及滑汭，盟吴、越而还。

清华简《系年》：

第十五章：楚庄王立，吴人服于楚。

【新证】

中国，先秦时期之中国特指周王朝之核心区域，即成周，首见于何尊铭文"余其宅兹中国，自之义民"。① 根据甲骨和金文资料，

---

① 马承源：《何尊铭文初释》，《文物》1976 年 1 期；段德新：《国宝何尊与"中国"》，《文博》2005 年 6 期；《铭图》11819。

如中子宾缶、中子化盘等，"中国"是一个早已存在的方国，西周时期是汉阳诸姬之一，后亡于楚。① 这个中国在金文里，写作"邨"，和《史记》里的中国意义不同，一为专指，一为泛指。

学界认为虞即吴，且认为吴有三地，分别是关陇汧河流域之西吴、河东之北虞、江南之南吴。《史记》只提到中国之虞和江南之虞，并统言之，这可能如王明珂所言，《史记》追述的不是历史事实，而是历史记忆。②

西吴，目前学界比较统一的认识是汧陇一带的矢国，曾经出土过西周早、中期的矢中戈，矢王鼎、矢王簋、矢叔鼎、矢令方彝（图十八）等，散氏盘等铜器铭文里都有矢的踪迹，③一般认为即今宝鸡汧水流域，此地有吴山。根据柳诒征、唐兰、李学勤、李伯谦、冯时、尹盛平等人的研究，矢读为虞、吴在文字结构、语音方面都是可靠

图十八
1. 矢王鼎铭文　2. 矢王簋铭文　3. 矢叔簋铭文

① 陈千万：《中子宾缶初探》，《江汉考古》1985 年 3 期；张亚初：《论鲁台山西周墓的年代和族属》，《江汉考古》1984 年 2 期。
② 王明珂：《华夏边缘》第九章，台湾允晨文化，1997 年（繁体字版）；上海人民出版社，2020 年（简体字版）。
③ 卢连成、尹盛平：《古矢国遗址、墓地调查记》，《文物》1982 年 2 期。

的。晋侯墓地出土叔夨方鼎（图十九）内有"叔夨"，据李伯谦师等人考证，即晋国的第一位封君"唐叔虞"，则虞夨互通，没有疑义。①但最近张懋镕师、胡嘉麟等对吴季大器群、吴王姬鼎研究之后，认为作为国名，夨、虞、吴是不通用的。

图十九　叔夨方鼎铭文　　　　图二十　吴叔戈

　　河东之吴即《史记》中国之吴，亦即北虞，姬姓，明确见载于《左传》桓公十一年、僖公五年和《史记·吴太伯世家》，位于今山西南部平陆一带，为吴君周章弟的封国，鲁僖公五年（前 655 年）冬灭于晋。1979 年山西省文物商店收进一件铜方壶，铭文为："唯王二月初吉壬戌，虞侯政作宝壶，其万年子子孙孙永宝用。"②虞侯政壶在山西出土，当属此姬姓虞国。传世品中有虞司寇伯吹壶两件（《铭图》12394‑5），也当为晋南虞国的器物。侯马上马墓地出土之吴叔戈（图二十）亦应该是北虞之遗物。根据《史记集解》"虞在晋南，虢在虞南"的记载，考古发现的平陆张店古城可能即是虞国古都城。③

───────────

　　① 李伯谦：《叔夨方鼎铭文考释》，《文物》2001 年 8 期。
　　② 曾广亮：《山西省文物商店收进春秋虞侯壶》，《文物》1980 年 7 期。
　　③ 见于黄盛璋：《铜器铭文宜、虞、夨的地望及其与吴国的关系》，《考古学报》1983 年 3 期，据云于陶正刚先生在第三次古文字年会上提到张店古城的情况。

南吴，即江南之吴，已出土多件兵器，多称"攻吴王某某"，①亦可证春秋时吴国在江南的存在。但江南吴国的早期核心区域在何处，目前仍是一个争议很大的问题。童书业很早就提出吴国早期的都城可能在淮域，张敏对吴地文化的渊源做了比较以后，他认为吴人自号勾吴是自称，南淮夷则是周人的他称。……东夷是吴文化的族源，其发展演进历程为王油坊类型龙山文化—南荡文化遗存—点将台文化—湖熟文化—吴文化。②此外，根据清华简系年楚庄王"吴服于楚"，以及余祭剑铭文里的"江之南、江之北，江之西"等信息，我们目前也倾向江南吴国的早期活动区域可能在江淮地区，而后才越过长江进入太湖周边。③史记三家注引《世本》认为"诸樊徙吴"，这说明，以前吴国并不在后来的江南吴地。诸樊将都城迁往江南的原因，是受到了楚国东扩的压力。

中国之虞，即北虞被晋吞灭在僖公二年（公元前 658 年）。"中国之虞灭二世"之"世"，有两意：一世为三十年，二世即为六十年；世通代，二世即二代。《正义》"中国之虞灭后二世，合七十一年，至寿梦而兴大，称王"。二世可理解为晋国经过了二代国王，也可理解为吴经过了二代国王。按照张守节的理解，这里的世理解为时间单位较好，即南吴兴起在公元前 600 年前后，七十一年是算到寿梦称王。《清华简》"庄王立，吴服于楚"恰好可证明吴兴起于公元前 600 年之前。

吴国初见于《左传》宣公八年（公元前 601 年）"盟吴越而还"，《系年》的记载将此提前到楚庄王即位（公元前 613 年），比文献记载早了十余年，此时的吴王应该是去齐。

① 董珊：《吴越题铭研究》，上海古籍出版社，2014 年。
② 张敏：《吴越文化比较研究》，南京出版社，2018 年，页 141。
③ 程义：《再论吴国历史的三个基本问题》，《泰伯文化研究》（二〇一八年卷），古吴轩出版社，2019 年。

吴先祖的记载非常模糊,张敏曾经推测大港至谏壁一线东区的烟墩山一号墓墓主为吴君周章,荞麦山墓墓主可能为吴君熊遂,磨盘墩墓墓主虽不及周章和熊遂,然亦当为吴国显贵。[①] 这一说法,因为没有太多证据,加之所谓北山顶余眛矛也不可靠,所以并无人附和。

关于吴国的先祖,王明珂认为：在这个谱系中显然有两种不同的世系,表现于两种不同形式的人名上。最早的四代人名中都带有伯、仲、叔、季等称号,这是周人的命名习俗。此后到寿梦共十五代,诸王的名字都与这周人命名习俗无关。主张这是吴国王室的真实谱系者,或能将之解释为周人东迁后"从蛮夷之俗"的反映。但是,这更像是将一个周人谱系安置在当地原有领导家族谱系之上的结果。构拟句吴王室成为太伯后裔,可说是句吴与华夏互动的结果。一方面句吴王室吸收华夏文化(包括华夏的历史记忆),使他们在华夏历史记忆中找到太伯传说,以合理化自己的华夏身份。华夏在族群利益抉择下,也以"太伯奔吴"的历史记忆来证实句吴王室的华夏身份。而句吴王室成员季札的深度华夏化,可理解为他以言行来证明自己的华夏身份;华夏的历史记载也因此特别记得季札的事迹,以认同他的华夏身份。最后,所有这些句吴与华夏双方面刻意强调句吴王室之华夏性的努力,反而显示了句吴由华夏边缘进入华夏族群核心时的族群认同危机。"寻得或假借一个华夏祖先传说"是边缘族群华夏化普遍采取的策略,句吴族也不例外。[②]

张学锋师也对吴国25个王名也进行研究,并分析了起名原则和语音构成,他认为：很明显可以分成前后两个不同的阶段。第

---

① 张敏:《吴越文化比较研究》,南京出版社,2018年,页53-254。
② 王明珂:《华夏边缘——历史记忆与族群认同》第九章,上海人民出版社,2020年。

一阶段是太伯到叔达时期,包括太伯、仲雍、季简、叔达 4 位吴王。这 4 位吴王的名字中均有表示排行的伯、仲、叔、季等字,这个序列,人为构建的意味非常浓厚,既有西周以后嫡长子继承制的观念,也包含着"兄终弟及"的东夷旧俗。第二阶段是周章至夫差时期,包括从周章到夫差的 21 位吴王。这一阶段的 21 位吴王可能才是真正的吴王世系。一些吴文化研究者认为,吴王的名字中体现不出应有的吉祥寓意,因此,吴国的文化发展是落后的。这种观点形成的背后,依然是将吴国视为与中原王朝均质的存在,而没有考虑到吴国作为"夷狄"的特性。吴王名字中的这些读音,虽然目前我们无从知晓其含义,但这些字音无疑透露出了有别于中原语音的古吴语信息。①

这样的考察当然对于解释太伯奔吴等吴国史的关键问题很有启发,但是吴国王名,特别是寿梦之后诸王铜器时有发现,他们的金文名和文献名并不完全对应,有些金文里出现的王名也无法和文献吻合,所以仅仅从文献出发,要解决这一问题,恐还有些难度和余地。

---

① 张学锋:《吴国历史的再思考——以近年来苏南春秋古城遗址的发掘为线索》,《苏州文博论丛》,文物出版社,2011 年;《从吴越文化到江南文化——苏州早期文化发展轨迹》,载吴中区博物馆编:《吴博物馆图录》,江苏凤凰文艺出版社,2020 年,页 7 - 21。

寿　梦

　　王寿梦二年，楚之亡大夫申公巫臣怨楚将子反而奔晋，自晋使吴，教吴用兵乘车，令其子为吴行人，吴于是始通于中国。吴伐楚。

　　• 寿梦二年（成公七年、公元前584年）
　　《春秋》：
　　吴伐郯。
　　吴入州来。
　　《左传》：
　　七年，春，吴伐郯。郯成。季文子曰："中国不振旅，蛮夷入伐，而莫之或恤。无吊者也夫！《诗》曰：'不吊昊天，乱靡有定。'其此之谓乎！有上不吊，其谁不受乱？吾亡无日矣！"君子曰："知惧如是，斯不亡矣！"

　　楚围宋之役，师还，子重请取于申、吕以为赏田。王许之。申公巫臣曰："不可。此申、吕所以邑也，是以为赋，以御北方。若取之，是无申、吕也，晋、郑必至于汉。"王乃止。子重是以怨巫臣。子反欲取夏姬，巫臣止之，遂取以行，子反亦怨之。及共王即位，子重、子反杀巫臣之族子阎、子荡及清尹弗忌及襄老之子黑要，而分其室。子重取子阎之室，使沈尹与王子罢分子荡之室，子反取黑要与清尹之室。巫臣自晋遗二子书，曰："尔以谗慝贪惏事君，而多杀不辜，余必使尔罢于奔命以死！"巫臣请使于吴,晋侯许之。吴子寿梦说之。乃通吴于晋,以两之一卒适吴,舍偏两之一焉。与其射御,教吴乘车,教之战陈,教之叛楚。寘其子狐庸焉,使为行人于吴。吴始伐楚、伐巢、伐徐,子重奔命。马陵之会,吴入州来,子重自郑奔命。子重、子反于是乎一岁七奔命。蛮夷属于楚者,吴尽取之,是以始大,通吴于上国。

- 寿梦三年(成公八年、公元前583年)

《左传》:

晋侯使申公巫臣如吴,假道于莒。

晋士燮来聘,言伐郯也,以其事吴故。

- 寿梦四年(成公九年、公元前582年)

《春秋》:

公会晋侯、齐侯、宋公、卫侯、郑伯、曹伯、莒子、杞伯,同盟于蒲。

《左传》:

是行也,将始会吴,吴人不至。

- 寿梦十年(成公十五年、公元前576年)

《春秋》:

冬,十有一月,叔孙侨如会晋士燮、齐高无咎、宋华元、卫孙林父、郑公子鰌、邾人会吴于钟离。

《左传》:

晋三郤害伯宗,谮而杀之,及栾弗忌。伯州犁奔楚。

十一月,会吴于钟离,始通吴也。

- 寿梦十二年(成公十七年、公元前574年)

《左传》:

舒庸人以楚师之败也,道吴人围巢,伐驾,围釐、虺。遂恃吴而不设备。楚公子橐师袭舒庸,灭之。

清华简《系年》：

第十五章：黑要也死，司马子反与申公争少盂。申公曰：是余受妻也。娶以为妻。司马不顺申公。王命申公聘于齐，申公窃载少盂以行，自齐遂逃跑晋。自晋跑吴，焉始通吴晋之路，教吴人叛楚。

第二十章：晋景公立十又五年，申公屈巫自晋适吴，焉始通吴晋之路，二邦为好，以至晋悼公。

【新证】

寿梦，公元前585－前561年在位。绍兴路余眛剑与苏博余眛剑均作"寿梦"。苏博剑铭文曰"工吴王姑雠乌眛曰余寿梦之子"，绍兴剑铭曰"工吴王姑雠眛寿梦之子攟铍此余……"。根据杜预注，寿越为吴大夫，徐伯鸿推测寿越为寿梦之弟，即六合程桥墓之工吴大叔盘之器主耆越，耆即寿。① 经传对寿梦的记载有"乘、寿梦、孰姑、孰梦诸、祝梦诸"等记载。②（表一）

表一　寿 梦 名 号

出　　处	写　　法
春秋	乘
世本	孰姑、孰梦诸、祝梦诸
苏博余眛剑	寿梦
绍兴路余眛剑	寿梦

① 徐伯鸿：《程桥三号春秋墓出土盘匜簠铭文释证》，《东南文化》1991年3期。
② 董珊：《吴越题铭研究》，科学出版社，2014年，页8。

　　寿梦即位后立即在两个方向展开了军事行动,向西进攻州来,向东北征伐郯国。这一举动显然引起了诸侯的重视,因此寿梦四年晋齐宋卫及洙泗流域诸小国开始举行会盟,但吴国未参加。直至寿梦十年,诸侯才在钟离举行了会盟。钟离这时应该已是吴的势力范围。联系此后两年吴人围巢伐驾的行动来看,吴不可能在今江苏苏州一带,应该在淮河下游一带,否则不会如此长途跋涉采取军事行动。

　　此时的楚王为共王,楚共王名审,前590年即位,在位31年,谥号共。传世的共王之器有"楚王酓审之盂"(图一)。① 清华简第15章"楚庄王即世,共王即位",16章"楚共王立七年,令尹子重伐郑"。楚共王时令尹为子重,名婴齐,传世器中有王子婴次炉(图二),王子婴次钟(图三)就是此人所作之器。②

图一
楚王酓审盏铭文

图二
王子婴次炉铭文

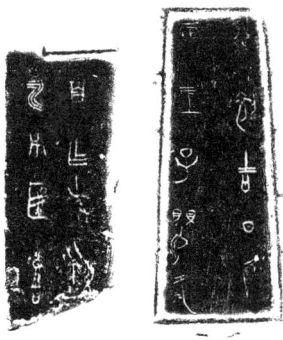

图三
王子婴次钟铭文

---

① 李学勤:《楚王酓审盏及有关问题》,《中国文物报》1990年5月31日。
② 邹芙都:《楚系铭文综合研究》,巴蜀书社,2007年,页69-71。

　　申，最先由陈梦家释出，金文中多写作𨷿，隶作𨶓，原为诸侯国，①灭于楚，列为县，其官长仍称公，位于今南阳。有西周晚期南申伯太宰簋（仲再父簋）、申王之孙叔姜鼎、申伯彦多壶、申公彭宇瑚、彭子射儿鼎、申公寿簋、申公之孙无所鼎等铜器出土，曾侯乙编钟中也有"其在申号为迟则"的铭文。"申公"第一次出现是在楚成王时，而楚文王时已灭申为县。彭宇活动在公元前 720 -前 630 年间，南阳市区彭氏家族墓编年缺公元前 630 -前 580 年间铜器，而申公巫臣在寿梦时期（公元前 585 -前 561 年）逃奔晋吴，或适可补此缺。巫臣奔晋后，彭氏家族成员继续在楚担任工尹等。

　　申公巫臣奔晋使吴，是吴国历史上的一件大事，也是楚国历史上的一件大事，其中缘由《左传》、清华简《系年》第十五章载之甚详，《史记》即删减经传而成。关于巫臣自晋适吴的时间，《史记》十二诸侯年表列在鲁成公七年，而根据《系年》则应该上一年。② 上博简《申公臣灵王》篇中之申公，整理者认为是申公巫臣，但徐少华认为应该是灵王时期的申公子亹，③或可从之。后徐少华又对旧作做了补正，认为"在王子回（围）篡杀夺得王位的过程中，曾出现申公子皇为保护'皇子'而与王子回针锋相对的局面。楚灵王在夺得王位后，并没有处罚申公，反与申公当面交谈，意在笼络申公为其所用，而申公亦弃前嫌，转而效忠于楚灵王，可谓审时度势。这一史实，为文献记载所阙如，上博所藏楚竹书，正好弥补了文献之不足"。④ 楚国叛臣申

－－－－－－－－－－

　　① 关于申国的研究成果很多，可以参考徐少华《周代南土历史地理与文化》、何浩《楚灭国研究》、李学勤《仲再父簋与申国》、赵燕姣《仲再父簋铭与申国迁徙》、郑威《〈灵王遂申〉与春秋后期楚国的申县》、田成方《申氏铜器与楚申氏的族属》等。

　　② 孙飞燕：《清华简〈系年〉初探》，中西书局，2015 年，页 81。

　　③ 徐少华：《上博楚简所载申公、城公考析》，载《荆楚历史地理与考古探研》，商务印书馆，2010 年，页 184。

　　④ 徐少华：《楚竹书〈申公臣灵王〉与〈平王与王子木〉两篇补论》，《江汉考古》2009 年 4 期。

公出使吴国,自然不敢再经过楚境,循淮河东下,故选择东西向晋齐通道,再折往南方。这条路就得通过齐鲁西南方向的洙泗流域,然后经由徐国到达淮河下游。这条路线和季札出使的路径基本相同,即通过(泗水)徐—齐鲁—郑卫—三晋。① 申公巫臣使吴,是春秋史上的一件大事,拉开了吴楚晋三国制衡争霸的局面,其原因并不能简化为巫臣个人的恩怨,而是晋国精心策划的地缘政治的一环,对此韩虎泰的分析比较接近历史的真相,②可以参见。

楚子反,藤县博物馆藏"王子反铸寝戈"之王子反,王恩田认为即楚大夫公子侧,字子反,估计是鄢陵之战作为战利品流入鲁滕等国。③ 另一件著录于《考古图》的王子㵲鼎,王恩田认为,㵲通侧,与王子反戈是同一人,一名一字。④

吴伐郯,楚取莒,原因都在于二国位于吴晋交通要道上。吴伐郯,希望打通吴晋之路,而楚取莒恰恰是反其道而行之。吴入州来,吴楚之争拉开序幕。此后吴楚的一系列行动,都是为配合吴楚之争的形势而展开。

吴伐郯在伐楚之前,《史记》未载。郯,西周作册夨令簋写作"炎",东周时期加邑旁,作郯,是淮泗流域的小国之一,处于齐鲁、吴越、宋卫三面环绕的区域。郯城县大埠二村遗址是春秋郯国遗存,春秋时期郯都尚无法确定,战国时期都城已在郯城北关发现。⑤ 郯国故城遗址位于沂水东岸、山东省郯城县城区北部,但这并不是郯国最初的都城。从 1990 年开始山东省临沂市文物部门

① 石晓琴:《从季札出使看春秋晚期吴晋的陆路交通》,《宿州学院学报》2008 年 2 期。

② 韩虎泰:《试论春秋流亡与晋国地缘政治格局》,《山西师大学报》2016 年 4 期。

③ 王恩田:《滕国考》,《商周铜器与金文辑考》,文物出版社,2017 年,页 311;《铭图》16845。

④ 王恩田:《跋楚国兵器王子反戈》,《江汉考古》1989 年 4 期;《铭图》02343。

⑤ 侯东泉:《郯文化研究》,山东师范大学 2014 年硕士学位论文。

先后多次对郯国故城遗址进行考古调查、勘探和试掘，"根据墙基下发现的灰坑和战国晚期的瓮棺葬，推断城墙始建年代为战国晚期至汉代初"；"通过勘探和试掘，了解到城内的文化堆积较厚，一般在 2-3 米，主要为战国至汉代的文化层"。① 据此推断该遗址并非郯国最早的都城，而只能是郯国晚期的都城。从鲁宣公四年（前 605 年）鲁、齐平莒、郯来看，此前莒、郯两国发生了战争，莒比郯强大，莒不肯与郯平，大概是由于没有实现预定的侵略目的。我们推测郯国早期都城应该靠近其北的莒国，在今山东临沂市与临沭县之间，疆域应该在今山东临沂市、临沭县、郯城县一带。大概由于莒国不断攻伐，后来郯国被迫沿沂水东岸迁都于今山东省郯城县城区北部现在的郯国故城遗址一带。② 最近赵振华报道了一件春秋鸟虫书"郯公"剑，③惜无图版发表。

　　申公巫臣通吴，假道于莒，金文写作"柏""筥""簠""鄌"，西周封于胶东南，春秋时迁至今山东莒县。春秋时期莒太史申鼎、莒侯少子簠、莒大叔壶、公孙潮子钟、莒戈、莒戟均为莒国之器。莒国都城位于今莒县周边，其特点刘兴林有专门论述。④ 关于莒文化的考古学探索，⑤金文资料对莒国史的补证都有专文论述，⑥在此不赘。

　　申公巫臣之子屈狐庸，徐伯鸿认为即六合程桥三号墓罗儿匜

　　① 赵敬民、宋彦泉：《山东郯国故城遗址近年的考古新收获》，《中国文物报》2004 年 9 月 10 日。
　　② 张志鹏：《吴越史新探》，河南大学博士论文，2012 年，页 83。
　　③ 赵振华：《春秋郯公剑跋》，《湖南科学院学报》2010 年 10 期。
　　④ 刘兴林：《莒城·莒墓·莒鼎——莒文化三事》，《管子学刊》2009 年 4 期。
　　⑤ 刘延常：《莒文化探析》，《东南文化》2002 年 7 期；苏兆庆：《考古发现与莒史新征》，文史出版社，2015 年。
　　⑥ 孙敬明：《两周金文与莒史补》，《齐鲁学刊》1995 年 4 期；《从莒地出土两周十四国金文看莒文化的交流与影响》，《山东师范大学学报》2013 年 1 期；《铭图》02350、05149、12358、15180、16415、16604。

(图四)内之某某公,他将其隶定为"教伐公",①但铭文已明确器主是吴王之甥,自然不可能是巫臣后裔,董珊隶定为"学卯公"。②

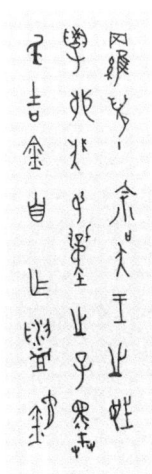

图四　罗儿匜铭文　　　　图五　子荡鼎铭文

　　另有人以为六安九里沟出土子荡鼎(图五)为申公巫臣后裔,但也有人认为是灵王时令尹子荡,尚无法最终确定。③

　　参与争夺少勐的楚国高官尚有连尹襄老之子黑腰,在《系年》第十五章77简此人写作"墨要",墨黑互通。

　　行人,是负责上传下达,沟通诸侯的使者,但在金文和简帛里未发现对应的词汇,学者以为行人的职掌和金文里的"士"接近。行人之行,大致和"行戬、行戈"之行接近,都有行走之义。刘光在其博士论文里进一步研究,认为"行人之职与周礼所记相合,皆行

①　徐伯鸿:《程桥三号春秋墓出土盘匜簠铭文释证》,《东南文化》1991年1期。
②　董珊:《吴越题铭研究》,科学出版社,2014年,页83。
③　李勇、胡援:《春秋"子荡"楚器考》,《东南文化》1993年1期。

聘问或大宾之职……行人之官为一时奉使之官，而非专官；进一步说，非官职，而是临时差遣"。[1]

十六年，楚共王伐吴，至衡山。

- 寿梦十六年（襄公三年、公元前 570 年）

《春秋》：

三年春，楚公子婴齐帅师伐吴。

《左传》：

三年，春，楚子重伐吴，为简之师。克鸠兹，至于衡山。使邓廖帅组甲三百，被练三千，以侵吴。吴人要而击之，获邓廖。其能免者，组甲八十，被练三百而已。子重归，既饮至三日，吴人伐楚，取驾。

晋为郑服故，且欲修吴好，将合诸侯。

六月，（鲁）公会单顷公及诸侯。己未，同盟于鸡泽。晋侯使荀会逆吴子于淮上。吴子不至。

- 寿梦十八年（襄公五年、公元前 568 年）

《春秋》：

（五年夏）仲孙蔑、卫孙林父会吴于善道。

（秋，鲁）公会晋侯、宋公、陈侯、卫侯、郑伯、曹伯、莒子、邾子、滕子、薛伯、齐世子光、吴人、鄫人于戚。

《左传》：

（五年夏）吴子使寿越如晋，辞不会于鸡泽之故，且请听诸侯之好。晋人将为之合诸侯，使鲁、卫先会吴，且告会期。故

---

[1] 刘光：《出土文献与吴越史专题研究》，清华大学博士论文，2018 年，页 66。

孟献子、孙文子会吴于善道。

　　九月,丙午,盟于戚,会吴,且命戍陈也。

• 寿梦二十三年(襄公十年、公元前 563 年)

《春秋》:

　　十年,春,公会晋侯、宋公、卫侯、曹伯、莒子、邾子、滕子、薛伯、杞伯、小邾子、齐世子光会吴于柤。

《左传》:

　　十年,春,会于柤,会吴子寿梦也。

• 寿梦 25 年(襄公十二年、公元前 561 年)

《春秋》:

　　秋,九月,吴子乘卒。

《左传》:

　　秋,吴子寿梦卒。临于周庙,礼也。

清华简《系年》:

　　第二十章:晋悼公立十又一年(公元前 561 年),以吴王寿梦相见于虢。

【新证】

　　卫孙林父会吴于善道之善道位于今盱眙附近,曾经出土过吴器工吴季生匜,恰是这一段历史的物证。①

　　吴伐楚,即清华简所谓"教吴人叛楚"。

　　衡山,《春秋地理考实》,列出了乌程县南、当涂横山、丹阳衡山三说,谭图标在石臼湖北岸。石泉对杜预、顾栋高、《大清一统志》提出的看法都做了分析,他认为如果鸠兹衡山皆在江南,楚人到这里

---

　　① 王厚宇、刘振永:《论淮安出土的商周青铜器》,《淮阴师范学院学报》2010 年 4 期。

只有两条路可走：长江水路、经巢湖水路。但长江自古天险，战国以前吴越楚用兵，近江域者极少。经巢湖沟通江淮水道，也不大可能。所以他认为，诸地绝不可能在江南，衡山应为皖西之霍山，但也不敢肯定，因为和舒鸠位置不和。[①] 实际和舒鸠地理不合是因为，忽略了舒鸠也是在被迫南移中，陈伟、张胜琳均已谈及，舒鸠早期可能在淮河沿岸，即霍邱东一带，后来才南迁之今舒城。[②] 衡山郡相关内容在出土的秦简、封泥中数次出现，如里耶秦简 8 - 1234 号简载"衡山守章言：衡山发弩丞印亡，谒更为刻印"，《秦封泥集》收录"衡山发弩"，岳麓书院藏秦简 1221 号简文曰"癸行戍衡山郡，居三岁以当法"，383 号简文曰"河内署九江郡，南郡上党□邦道当戍东故徼者，署衡山郡"，尽管衡山郡不见于《汉书·地理志》，但这些都是衡山郡存在的证据。秦郡地名来自战国，秦汉衡山郡的设立必和衡山有关。最近蔡旭对衡山郡及衡山的问题进行了梳理，得出以下结论：秦灭楚，设衡山郡于淮水、长江之间，此时天柱山的另一种称谓"衡山"比较盛行。然而降及西汉中期，"衡山"一词所指代的对象已经开始发生转移，从汉武帝号天柱山为南岳的记载来分析，迟至汉武帝时南岳的"衡山"名字已经开始被"天柱山"所代替，因而"衡山"一名逐渐不为人所用。武帝于元狩二年封胶东康王少子刘庆为王，以衡山郡为其封地，称六安王，彻底抹去"衡山"元素，班固在《汉书·地理志》中追述西汉地理时并不记载天柱山的"衡山"一名，也是"衡山"一名被弃置的反映。东汉时期，"衡山"作为天柱山的另外一种称呼已经罕为人用，"衡山"指江南衡山为时人所默认。[③]此说和石泉先

① 石泉：《古代荆楚地理新探·续集》，武汉大学出版社，2013 年，页 312 - 313。
② 张胜琳：《吴楚淮域之战若干相关地名望略考》，载《楚史论丛初集》，湖北人民出版社，1984 年。
③ 蔡旭：《秦衡山郡研究——兼论"衡山"指称的变化》，《西安文理学院学报》2016 年 6 期。

生的结论相同,衡山即潜县之霍山、天柱山,谭其骧先生考定的石
臼湖北岸之地太过靠近吴之朱方延陵等地,楚要越过长江而攻吴,
从军事角度考虑风险过大,不可取。

晋吴会盟的地点,文献记会于柤,而简帛载会于虢,经刘光博
士的研究分析,应以文献为是,即吴晋会于柤,虢是因形似致误。①
柤,很多学者都认为宜侯矢簋中的“宜”应该释为柤,柤通柤,其地
望也因对该器的归属问题争执不下。可参见王一凡等人的综述文
章,最近强晨又对宜的地望做了分析,但依然未有定论。② 不过对
于寿梦与齐鲁等国会盟的柤地,大家一致认为就是现在沭水与沂
水之间的柤地,即今离山东地界不远的江苏邳县北略偏西之“加
口”,或作“泇口”。

根据文献的记载,吴楚之争主要集中在对徐、巢、舒庸等国的
征伐之上,这就说明吴必是和徐巢接近的区域,亦即淮河中下游一
带,不可能远至江南苏州。

二十五年,王寿梦卒。寿梦有子四人,长曰诸樊,次曰余祭,次曰余昧,次曰季札。季札贤,而寿梦欲立之,季札让不可,于是乃立长子诸樊,摄行事当国。

上博简《弟子问》:
子曰:“前(延)陵季子,其天民也乎! 生而不因其俗。
吴人生十□(年)而画。散乎其雁(膺),延陵季子侨而弗受。
延陵季子,其天民也乎!”

---

① 刘光:《出土文献与吴越史专题研究》,清华大学博士论文,2018年,页96-102。
② 强晨:《由西周“东国”看宜侯吴簋中宜地所在》,《中国国家博物馆刊》2018年10月期。

【新证】

季札，金文作吴季子，有吴季子之子逞剑(图六)、工吴季生匜(图七)等器物为证。新见吴季大器群(图八)，器主作吴季大或吴季，器形为春秋早期，这批器和吴国是何关系，目前尚无结论；也有人认为吴季大当隶定为吴季矢，即吴季札，但器形似乎不支持这一看法。最近黄锦前对吴季大器群做了研究，他认为这批器属于春秋早期前段，铭文的"吴"当读作"虞"，是姬姓虞国之器，绝非南方吴国之器，而应属晋系之物。① 张懋镕师对国博吴季大研究后认为，这是一批春秋早期的吴国器，对于了解西周时期吴国青铜器有重要的意义。②

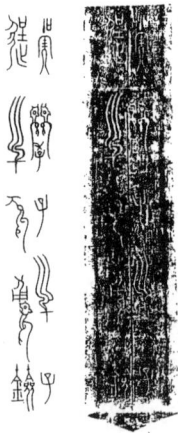

图六
吴季子之子逞剑铭文

图七
工吴季生匜铭文

图八
吴季大盘铭文

关于吴王寿梦死后本应传位季札，但季札不受，诸樊等暂定兄

---

① 黄锦前：《论吴季大诸器及有关虞国青铜器》，《陕西历史博物馆论丛》2019年26辑；《铭续》0283、0490、0534、0936、0989。

② 张懋镕：《中国国家博物馆藏青铜器选粹》，载《古文字与青铜器论集》(6)，科学出版社，2019年，页36。

终弟及之制,金文里有所表现。如国博新入藏工吴大叔戬䣄工吴剑,保利博物馆藏工吴大(叔)戬䣄鈹都表明,余祭是诸樊在位时就被立为"大叔",即王的首弟,是大家认可的王位继承人。在苏博余昧剑和绍兴路余昧剑铭文里也有关于余祭命余昧为"嗣弟""命我为王"的记载,这些正是这一历史史实的真实反映。但根据安徽蔡家岗出土诸樊剑铭文首称"工吴王大(太)子者反",则诸樊继位是寿梦在世时已经确定的,则季札不受王位之事必发生在寿梦去世之前若干年。此剑铭文或可证季札让位只是一种历史的记忆,而非历史的真实。

吴楚大战,吴公子党被俘,徐伯鸿以为南京六合程桥 2 号墓所出旨尚钟的器主应该即"者尚",也就是公子党。① 但董珊认为旨尚是地名,公之后的二字为人名,公为爵位,赏为地名,或可读为"棠"。②

《真山东周墓地》报告认为寿梦的陵墓为大真山 D9M1。该墓封土呈覆斗形,顶部东西长 26 米,南北宽 7 米,底部长 70 米,宽 23 米,是苏南一带最大的封土台;墓室长 13.8 米,宽 8 米,浅穴岩坑;有七棺二椁的漆皮痕迹;有玉敛葬的残件;很多漆皮都绘有兽面纹。因此从封土形制、封土规模、棺椁的重数、玉敛葬的存在、兽面纹的无处不在等五个方面论证,认为这个墓是目前苏南发现的春秋时期规格、级别最高的墓葬,它的主人只能是吴王寿梦。③ 以印山越王陵的发掘为契机,张敏对此发表了不同意见,他提出吴越贵族墓的规模较大,墓室结构较复杂,是吴越贵族墓的共性;吴国贵族墓多随葬青铜器,而越国贵族墓多随葬陶瓷礼乐器和玉器,是吴越贵族墓的异性。因此他判断,大真山为越国贵族墓地。④ 这一

① 徐伯鸿:《程桥三号春秋墓出土盘匜箍铭文释证》,《东南文化》1991 年 1 期。
② 董珊:《吴越题铭研究》,科学出版社,2014 年,页 79。
③ 苏州博物馆:《真山东周墓地——吴楚贵族墓地的发掘与研究》,文物出版社,1999 年,页 64-68。
④ 张敏:《吴越文化比较研究》第四节,另可参考氏著:《吴越贵族墓的甄别》,《文物》2010 年 1 期。

推论虽然有些简单，但我们结合简牍和青铜剑铭文，已经判定吴早期的活动区域不在太湖沿岸，因此真山墓的归属不可能是吴王寿梦墓，或可能是越墓。另外，在大真山旁边即为小真山，出土了楚上相邦玺的战国墓即在此地。如果说大真山是吴国王陵，而经过楚国的占领，其墓地却能保存完好，简直是无法想象的事（图九）。

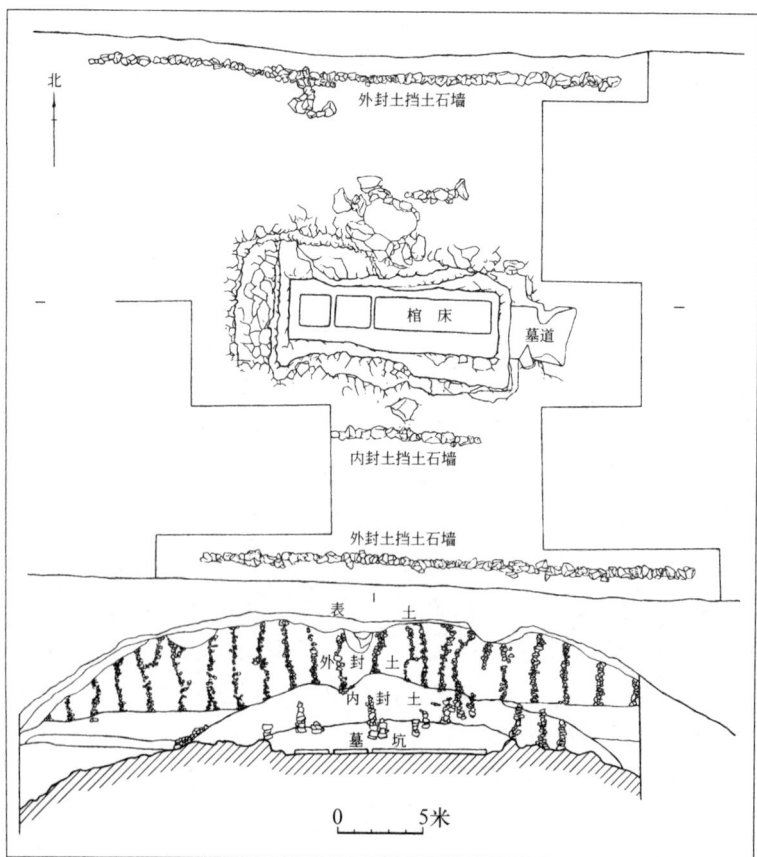

图九　真山 D9M1

诸　樊

王诸樊元年，诸樊已除丧，让位季札。季札谢曰："曹宣公之卒也，诸侯与曹人不义曹君，将立子臧，子臧去之，以成曹君，君子曰'能守节矣'，君义嗣，谁敢干君！有国，非吾节也。札虽不材，原附于子臧之义。"吴人固立季札，季札弃其室而耕，乃舍之。秋，吴伐楚，楚败我师。四年，晋平公初立。

- 诸樊元年（襄公十三年、公元前 560 年）

《左传》：

（秋）吴侵楚，养由基奔命，子庚以师继之。养叔曰："吴乘我丧，谓我不能师也，必易我而不戒。子为三覆以待我，我请诱之。"子庚从之。战于庸浦，大败吴师，获公子党。君子以吴为不吊，《诗》曰："不吊昊天，乱靡有定。"

- 诸樊二年（襄公十四年、公元前 559 年）

《春秋》：

春，王正月，季孙宿、叔老会晋士匄、齐人、宋人、卫人、郑公孙虿、曹人、莒人、邾人、滕人、薛人、杞人、小邾人会吴于向。

秋，楚公子贞帅师伐吴。

《左传》：

春，吴告败于晋。会于向，为吴谋楚故也。范宣子数吴之不德也，以退吴人。……吴子诸樊既除丧，将立季札。季札辞曰："曹宣公之卒也，诸侯与曹人不义曹君，将立子臧。子臧去之，遂弗为也，以成曹君。君子曰：'能守节。'君，义嗣也，谁敢奸君？有国，非吾节也。札虽不才，原附于子臧，以无失节。"固立之。弃其室而耕，乃舍之。

秋，楚子为庸浦之役故，子囊师于棠以伐吴，吴不出而还。子囊殿，以吴为不能而弗儆。吴人自皋舟之隘，要而击之。楚人不能相救。吴人败之，获楚公子宜穀。

楚子囊还自伐吴，卒。将死，遗言谓子庚："必城郢。"

• 诸樊七年（襄公十九年、公元前554年）

《左传》：

晋侯先归。公享晋六卿于蒲圃，赐之三命之服；军尉、司马、司空、舆尉、候奄皆受一命之服。贿荀偃束锦、加璧、乘马，先吴寿梦之鼎。

• 诸樊十一年（襄公二十三年、公元前550年）

《左传》：

晋将嫁女于吴，齐侯使析归父媵之，以藩载栾盈及其士，纳诸曲沃。

• 诸樊十二年（襄公二十四年、公元前549年）

《春秋》：

夏，楚子伐吴。

《左传》：

夏，楚子为舟师以伐吴，不为军政，无功而还。

吴人为楚舟师之役故，召舒鸠人，舒鸠人叛楚。楚子师于荒浦，使沈尹寿与师祁犁让之。舒鸠子敬逆二子，而告无之，且请受盟。二子复命，王欲伐之。蒍子曰："不可。彼告不叛，

且请受盟，而又伐之，伐无罪也。姑归息民，以待其卒。卒而
不贰，吾又何求？若犹叛我，无辞，有庸。"乃还。

【新证】

诸樊，公元前 560－前 548 年在位。金文称工吴王大子或工
吴王，多作反、者反、者坂等，目前已发现五件与其有关之器物，
分别为淮南工吴王大子姑发弲反剑(图一，1)，河南汤阴诸樊剑
(图一，2、3)，六安工吴王姑发者反戈(图二)，新泰工吴王姑发者
反之子剑(图三)，襄阳工吴王姑发反之弟子剑(图四)。据剑铭
有子通、曹鮴所㝵员(图五)，榆社诸樊剑主亦为其子，惜其字迹
漫漶不可识。① 河南汤阴新出诸樊剑铭文和淮南剑铭文基本相
同。② 经传写作"诸樊、诸樊谒、诸樊遏"，一般认为诸樊为字，谒
为名。

表一　诸 樊 名 号

出　　　　处	写　　　　法
《左传》	诸樊
《春秋》	谒、遏
《吴郡志》	诸樊遏
六安戈	姑发者坂
新泰剑	姑发者反

① 董珊：《吴越题铭研究》，科学出版社，2014 年，页 11。
② 安阳市文物考古研究所：《河南汤阴羑河东周墓地 M1 发掘简报》，《中原文
物》2019 年 4 期；曹锦炎：《河南汤阴新发现吴王诸樊剑考》，《中原文物》2019 年
6 期。

续　表

出　处	写　法
襄阳剑	姑发反
淮南剑	姑发聂反
榆社剑	姑发聂反
汤阴剑	姑发者坂

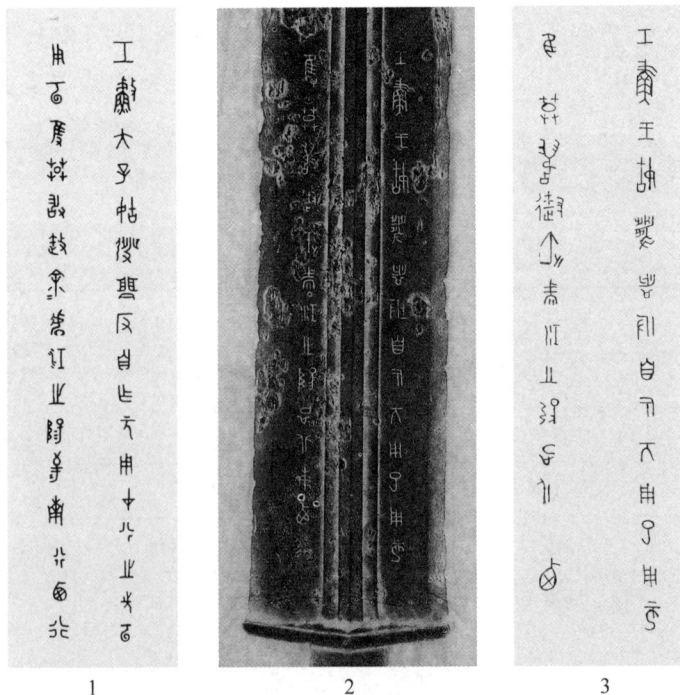

1 　　　　　2 　　　　　3

图一

1. 工吴王大子铭文（淮南）　　2. 诸樊剑（汤阴）　　3. 诸樊剑铭文（汤阴）

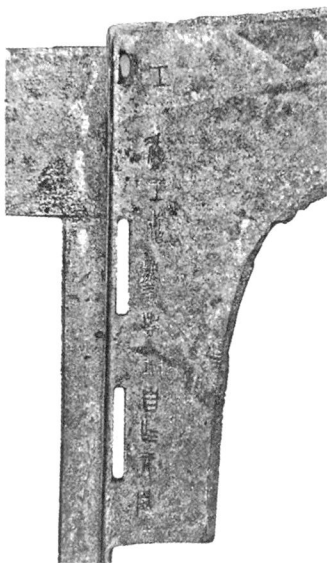

图二　工吴王戈

图三　工吴王之子通剑铭文

　　曹，姬姓诸侯国，周武王的胞弟姬振铎在济淮之间建立的封国，曹桓公三十五年入春秋，曹伯阳十五年，灭于宋，约在今定陶境内。① 刘雨根据姬寏母豆铭文和 1992 年同地出土的师朁钟铭文对读，发现两器铭文完整地记录了曹国公室西周时期的世系序列，并将金文中的曹国铜器、曹国地望和曹都地理沿革做了考查。② 目前发现春秋曹国铜器有曹公𦛚女铜器，盘、簠，曹公子沱戈，曹伯狄簠残盖，曹右姁戈。曹宣公，名姬彊，《左传》云宣公名庐，文公姬寿子。前 594 年继位，前 578 年卒于伐秦之师，在位十七年。

---

① 潘守皎：《曹国考》，《齐鲁学刊》2009 年 5 期。
② 刘雨：《两周曹国铜器考》，《中原文物》2008 年 2 期。

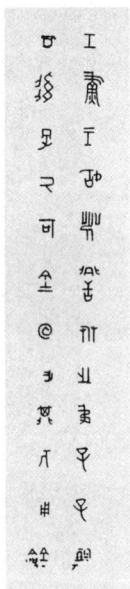

图四　姑发反之弟子剑铭文　　图五　诸樊之子曹某剑铭文

　　这一时期楚国国王为共王，李学勤 1990 年披露的楚王熊审盏，即共王器。① 此时吴楚交战楚方主要将领为养由基。关于养姓和养国，学者多有讨论，在河南桐柏、泌阳等地发现有多件养国有关青铜器，中心在月河一带。徐少华认为养由基应是养（羕）国贵族仕于楚者，"养"为其国族之称。从其活动时间分析，约与铜器铭文所见的羕伯受差同时，一是羕伯，一为养（羕）叔，或是同一代人。②

_____

　　① 李学勤：《楚王盦审盏及相关问题》，《中国文物报》1990 年 5 月 31 日。
　　② 徐少华：《羕国铜器及其历史地理探析》，《考古学报》2008 年 4 期；金荣权：《养国青铜器与养国历史考察》，《中州学刊》2011 年 2 期。

此时的楚令尹为蒍子冯。李零认为淅川下寺出土的带"佣"铭之器主当为蒍子冯。原因有四：蒍子冯的冯字在古书中与从朋得声的字相通；他与王子午(同墓出土有王子午器)同时而稍后，时间、身份都很合适；蒍氏与楚王族同出，子冯的先人曾被称为楚叔是完全可能的；二号墓出土浴缶铭文"楚叔之孙䣄子佣之浴缶"(图六)，可以肯定是蒍子冯自作之器，三号墓出土匜铭可以肯定是蔡侯媵女于芍氏所作器，这与文献记载子冯以蒍为氏，蒍氏亦作芍氏恰好相合。①

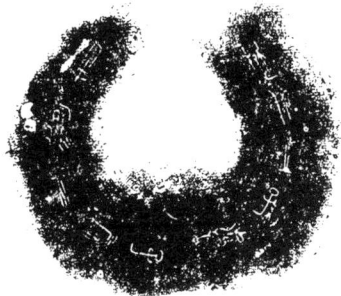

图六　䣄子佣缶铭文

晋平公，名彪，晋悼公子，即晋公(蠚)(图七)铭文里的晋公"余惟今小子"，唐兰、郭沫若等认为是晋定公器，李学勤、彭裕商等认为"雌"为语词，而非人名，并根据铭文内晋嫁女与楚的史实，断定

图七　晋公蠚铭文

① 李零：《"楚叔之孙佣"究竟是谁》，《中原文物》1981年4期。

晋公应为晋平公。[①] 前557年，诸樊4年即位，前533年卒，在位25年。侯马盟书第16坑"十有一月甲寅"里的"定宫"，应是晋定公的宗庙。

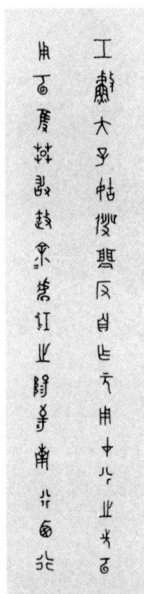

诸樊在位期间，正是吴国大力拓展疆域的时期，剑铭中多有反映，如"在行之先，云用云获，莫敢御余。余处江之阳，至于南北西行"[②]（图八）。这句剑铭的大意就是我在江北，治理长江两岸，以此向南北西三个方向拓展疆土，因为其东为大海，故不言东行。这一时期，吴国在晋国及其盟国的支持下，持续和楚国在淮河流域展开了激烈的争夺，最终诸樊被楚国盟友巢人伏击而亡，《吴世家》仅言卒，是隐晦的说法。诸樊徙吴，可能是诸樊被伏击而亡，吴人不得不做出的战略性撤退。

沈尹为职官，应是沈地之官长，上博简《庄王既成》有沈尹子桱，即文献里的沈尹子经。但根据传世和出土文献分析，沈尹逐渐成为氏称。所以沈尹有时候是指沈地之官长，有时候是姓氏名。田成方根据《包山楚简》和徐沈尹钲（图九）等文字资料，研究认为：（1）沈尹是大室内掌管祭祀占卜的神职官员，沈尹氏后人传承了这种文化面貌。（2）徐国受楚国官职影响，亦设有沈尹一职，其职能或与楚国相似。（3）沈尹子桱是楚穆王的儿子，始任沈尹之官，子孙以官为氏，遂立新族，始封时间约在前

图八
诸樊剑（淮南）铭文

① 李学勤：《晋公盏的几个问题》，《出土文献研究》，文物出版社，1985年。
② 安徽省文化局文物工作队：《安徽淮南市蔡家岗赵家孤堆战国墓》，《考古》1963年4期。汤阴新出吴王诸樊剑铭文与此剑基本相同。

六世纪上半叶。①

邾,帝颛顼之后所封,为春秋时期常出现的"邾国"。《左传》庄公五年注称,邾君父颜有功于周,别封其子友于倪,故小邾又称倪。战国时,鲁穆公将其改称为"邹国"。邾国位于山东邹城东南峄山南麓,1963 年就对其做过调查和发掘,2015 年,发现了带有"邾"字的陶器四件,这一遗址得以进一步确认。② 小邾国位于今枣庄市,墓地位于东江村东南高地,2002 年对其进行了抢救性发掘,获得大量带有邾和倪的铭文。③

图九 徐沈尹钲铭文

十三年,王诸樊卒。有命授弟余祭,欲传以次,必致国于季札而止,以称先王寿梦之意,且嘉季札之义,兄弟皆欲致国,令以渐至焉。季札封于延陵,故号曰延陵季子。

• 诸樊十三年(襄公二十五年、公元前 548 年)

《春秋》:

楚屈建帅师灭舒鸠。

十有二月,吴子遏伐楚,门于巢,卒。

《左传》:

舒鸠人卒叛。楚令尹子木伐之,及离城。吴人救之,子

① 田成方:《从新出文字材料论楚沈尹氏之族属源流》,《江汉考古》2008 年 2 期。

② 刘艳菲等:《山东邹城市邾国古城遗址首次发现"邾"字陶文》,《中国文物报》2018 年 7 月 28 日 6 版。

③ 枣庄市博物馆:《小邾国遗珍》,文史出版社,2006 年。

木遽以右师先，子彊、息桓、子捷、子骈、子盂帅左师以退。吴人居其间七日。子彊曰："久将垫隘，隘乃禽也。不如速战。请以其私卒诱之，简师，陈以待我。我克则进，奔则亦视之，乃可以免。不然，必为吴禽。"从之。五人以其私卒先击吴师。吴师奔，登山以望，见楚师不继，复逐之，傅诸其军。简师会之，吴师大败。遂围舒鸠，舒鸠溃。八月，楚灭舒鸠。

十二月，吴子诸樊伐楚，以报舟师之役。门于巢。巢牛臣曰："吴王勇而轻，若启之，将亲门。我获射之，必殪。是君也死，彊其少安。"从之。吴子门焉，牛臣隐于短墙以射之，卒。

【新证】

诸樊死于伐楚之战，被巢牛臣射杀。巢，谭其骧认为就是居巢，居为发语词，故《左传》里的巢，《史记》均作居巢。著名的鄂君启节车节（图十）铭文"就下蔡，就居䣎，就郢"之"居䣎"就是居巢。巢约相当于今寿县以南六安东北一带，[1]民国时寿县三义集曾出土"汉居巢刘君冢石羊刻石"，可证确在今六安东北。[2] 在六安出土的吴王诸樊戈或与吴巢之战有关。六安是春秋时六国所在，和潜、巢都是楚国的与国，乃楚之东境。六，包山楚简 153、154 写作䣛，有楚玺作䣛行府之玺，六即楚灭六后所置之机构。《包山楚简》177"晢"即"潜"。

季札所封之延陵，历来就有不同意见，常州、武进之奄城、丹徒

---

① 何浩：《楚灭国研究》，武汉出版社，1989 年，页 197；陈伟：《楚东国地理研究》，武汉大学出版社，1982 年，页 76。

② 黄盛璋：《关于鄂君启节交通路线的复原问题》，《中华文史论丛》1964 年第五辑。

三地最流行。江阴申港、丹阳延陵镇九里村均有季札墓,据陆建方考证,①丹徒季札墓,唐代尚有季札碑,延陵季子之延陵应是丹徒之延陵。《史记正义》据《左传》认为季札又称"延州来季子",因吴取楚邑州来而封季札。州来即今安徽凤台寿县一带,吴强大后成为吴楚争夺的战略要地。上博简第七册《吴命》第四简"楚入寿来"之寿来即"州来"。上博简第五册《弟子问》载有一段孔子论季札的话,称其为"前陵季子"。前陵季子,即延陵季子。清华简系年第十九章,"逆蔡昭侯,居于州来,是下蔡"。② 网友哈哈藏印有"州来鈢"印,可见秦汉时期仍有州来为姓氏的人。最近,张敏根据钱穆的观点,进一步以语音学的思路考证,认为延州和延,一缓读,一疾读,延州来和延陵属于同名异议。③ 董珊认为,季札称为延州来,是两次分封的缘故,先封延陵,后封州来,合而称之延州来。④

图十　鄂君启节车节铭文

　① 陆建方:《季札考》,《东南文化》1993 年 6 期。
　② 王青:《春秋后期吴楚争霸的一个焦点——从上博简〈吴命〉看"州来之争"》,《江汉论坛》2011 年 2 期。
　③ 张敏:《吴越文化比较研究》,南京出版社,2018 年,页 71。
　④ 董珊:《简帛文献考释论丛》,上海古籍出版社,2014 年,页 86。

余　祭

王余祭三年，齐相庆封有罪，自齐来奔吴。吴予庆封朱方之县，以为奉邑，以女妻之，富于在齐。

- 余祭元年（襄公二十六年、公元前 547 年）

《左传》：

楚子、秦人侵吴，及雩娄，闻吴有备而还。遂侵郑。

- 余祭三年（襄公二十八年、公元前 545 年）

《春秋》：

冬，齐庆封来奔。

《左传》：

既而齐人来让，让鲁受庆封。奔吴，吴句余予之朱方，聚其族焉而居之，富于其旧。子服惠伯谓叔孙曰："天殆富淫人，庆封又富矣！"穆子曰："善人富谓之赏，淫人富谓之殃。天其殃之也，其将聚而歼旃？"

上博简《申公臣灵王》：

王子回夺之，陈公争之。王子回立为王。

【新证】

余祭，金文称其为工吴大叔（图一）或工吴王，金文作敔䣄工吴

（图二）、叡𫓧此郐（图四）、叡𫓧郐等；①
马王堆帛书《春秋事语》吴伐越章，作余
蔡。余祭之名，传世文献有戴吴、句余
等。董珊综合传统文献和出土文献，归
纳出余祭之名可分为"戴吴""句余""余
祭"三类，并列有与金文之间相应的音
韵关系。② 但对于余蔡的语音解释有
点疑惑，也许以形似解释更容易理解
些。董珊认为传世文献中的"句余"应
该相当于"句吴"，也就是"吴"。但难能
可贵的是，苏州博物馆藏余眛剑里，余
祭的名字出现两次，分别写作叡𫓧此
郐、叡𫓧郐。这就证明"此"确实是辅助

图一
余祭剑（国博）铭文

音节，可以省略。保利余祭剑铭文（图三）作"攻吴大叡姁工吴"，文
意不明，特别是大字很突兀，后来国博余祭残剑（图一）的发现，解
决了这个问题，原来是漏铸了一个"叔"字。大叔是王之首弟，所以
保利剑是诸樊时期所铸，已经确立了余祭的王位继承权。最近有
学者通过对传世文献与出土文献中"大叔"的对比分析，结合先秦
宗法制度，指出"大叔"不能被简单描述为国君的首弟或长弟，而应
该被确指为国君的嫡长弟，"伯、仲、叔、季"为嫡庶诸公子共同的
行辈排行。"大叔"之"大"不但体现于其在嫡昆弟中居长，更重要
的是指其宗法地位崇高，被诸侯之诸公子视为大宗宗子，有替代国
君主持宗族中诸公子婚丧冠祭的责任。③ 正因为大叔具有独特的

---

① 董珊：《吴越题铭研究》，科学出版社，2014 年，页 15。
② 董珊：《吴越题铭研究》，科学出版社，2014 年，表三。
③ 徐渊：《论"大叔"在先秦文献中的特殊内涵》，《同济大学学报》（社科版）2020 年
4 期。

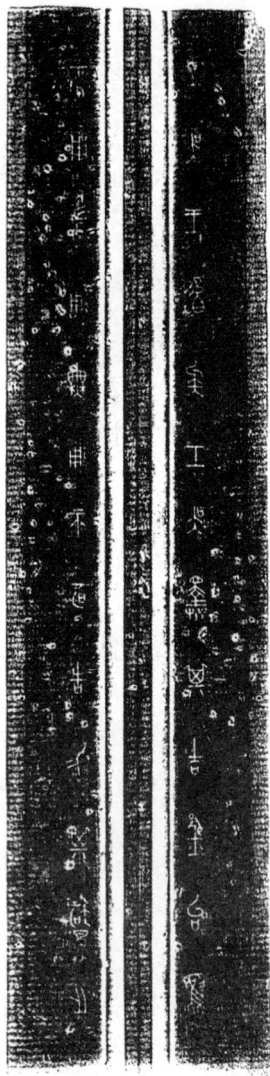

图二
余祭剑（南湖）铭文

图三
余祭剑（保利）铭文

图四
余祭剑（谷城）铭文

地位,在一些特殊时期,"兄终弟及"成为嫡长继承制的一种"补充",吴国王位继承即在此二种继承方式间摇摆。

表一 余祭名号

出　　处	写　　法
《左传》襄三十一年	戴吴
《左传》襄二十八年	句余
《左传》襄二十九年	余祭
《春秋事语》	余蔡
保利剑	叡矣工䖍
南湖剑	叡矣工吴
鲁迅路余眛剑	叡戉郐
苏博余眛剑	叡戉郐、叡戉此郐
谷城剑	叡戉此郐
江西余眛戈	叡戉此郐

齐,有《齐太公世家》,姜姓诸侯国,都临淄,有多件齐国铜器著录,庆封为相在鲁襄公二十八年,即齐景公三年。学者考订台北故宫藏庚壶时代为齐景公二年。① 庆氏,姜姓,齐国贵族,庆叔匜、庆孙之子簠即和庆氏有关。吴封庆封之朱方,旧注多以为是今镇江丹徒,但楚伐吴,竟然轻而易举得逞,"朱方"不在吴之腹地甚明。

① 李家浩:《庚壶铭文及其年代》,《古文字研究》第十九集,中华书局,1992年。

故王祺《春秋吴国"朱方"地望辨证》认为应在今凤阳一带，是钟离的一部分。[①] 清华简《系年》第十八章"遂以伐徐，克赖，邾邡，伐吴"之邾邡即为封庆封之朱方。以清华简的记载来看，朱方不当在镇江一带，因为吴楚之战的战场主要在淮河流域。张敏认为朱方和姑苏都是勾吴的音译。[②] 此说尤为可疑，以清华简的记载看既言"克赖、朱方"，复言"伐吴"，朱方和吴都非是一地明矣。张志鹏认为位于州来之西的钟离邑，此钟离邑应该就是《穀梁传》所说之庆封在吴封邑"钟离"。难道朱方、钟离是一地二名？尚难判断。

上博简《申公臣灵王》篇之"王子回"即为"王子围"，亦即公子围，即楚灵王。

图五
钟离柏簠铭文

伯州犁，在清华简《良臣》里写作"邰州利"。安徽舒城九里墩、凤阳、蚌埠当地发现铜器上带有"童丽"铭文（图五）。童丽，诸家考证即为文献里的钟离，是伯州犁奔楚后的"食采于钟离"之地。[③] 但钟离在经传里频繁出现，地望似不在一处，因此张志鹏认为可以确定"钟离"有三：位于今山东枣庄峄城的钟离城；州来之西的钟离邑；位于今安徽凤阳、蚌埠一带的钟离国及其后楚以钟离国故地所置的钟离县。位于今山东枣庄峄城的钟离城距吴国过远，不为吴国所有。而位于今安徽凤阳和蚌埠市一带的钟离国，早在吴王寿梦

---

① 王祺：《春秋吴国"朱方"地望辨证》，《史林》1991 年 1 期。
② 张敏：《吴越文化比较研究》，南京出版社，2018 年，页 46。
③ 安徽省文物工作队：《安徽舒城九里墩春秋墓》，《考古学报》1982 年 2 期；安徽省文物考古研究所：《凤阳大东关与卞庄》，科学出版社，2010 年；安徽省文物考古研究所、蚌埠市博物馆编著：《钟离君柏墓》，文物出版社，2013 年。

之前甚至在鲁宣公八年(前 601 年)楚庄王盟吴越之前就已经成为吴的属国,一直到楚惠王四十二年(前 447 年)至楚惠王四十四年(前 445 年)之间才灭于楚国,成为楚县。剩余的只有位于州来之西的钟离邑了,此钟离邑应该就是《穀梁传》所说之庆封在吴封邑"钟离"。①

　　四年,吴使季札聘于鲁,请观周乐。为歌周南、召南。曰:"美哉,始基之矣,犹未也。然勤而不怨。"歌邶、鄘、卫。曰:"美哉,渊乎,忧而不困者也。吾闻卫康叔、武公之德如是,是其卫风乎?"歌王。曰:"美哉,思而不惧,其周之东乎?"歌郑。曰:"其细已甚,民不堪也,是其先亡乎?"歌齐。曰:"美哉,泱泱乎,大风也哉。表东海者,其太公乎? 国未可量也。"歌豳。曰:"美哉,荡荡乎,乐而不淫,其周公之东乎?"歌秦。曰:"此之谓夏声。夫能夏则大,大之至也,其周之旧乎?"歌魏。曰:"美哉,沨沨乎,大而宽,俭而易行,以德辅此,则盟主也。"歌唐。曰:"思深哉,其有陶唐氏之遗风乎? 不然,何忧之远也? 非令德之后,谁能若是!"歌陈。曰:"国无主,其能久乎?"自郐以下,无讥焉。歌小雅。曰:"美哉,思而不贰,怨而不言,其周德之衰乎? 犹有先王之遗民也。"歌大雅。曰:"广哉,熙熙乎,曲而有直体,其文王之德乎?"歌颂。曰:"至矣哉,直而不倨,曲而不诎,近而不偪,远而不携,迁而不淫,复而不厌,哀而不愁,乐而不荒,用而不匮,广而不宣,施而不费,取而不贪,处而不底,行而不流。五声和,八风平,节有度,守有序,盛德之所同也。"见舞象箾、南籥者,曰:"美哉,犹有憾。"见舞大武,曰:"美哉,周之盛也其若此乎?"见舞韶护者,曰:"圣人之弘也,犹有惭德,圣人之难也!"见舞大夏,曰:"美哉,勤而不德! 非禹其谁能及之?"见舞招箾,曰:

---

① 张志鹏:《吴越史新探》,河南大学博士学位论文,2012 年,页 78。

"德至矣哉，大矣，如天之无不焘也，如地之无不载也，虽甚盛德，无以加矣。观止矣，若有他乐，吾不敢观。"

- 余祭四年（襄公二十九年、公元前 544 年）

《春秋》：

阍弑吴子余祭。

吴子使札来聘。

《左传》：

吴人伐越，获俘焉，以为阍，使守舟。吴子余祭观舟，阍以刀弑之。

吴公子札来聘，见叔孙穆子，说之。谓穆子曰："子其不得死乎！好善而不能择人。吾闻君子务在择人。吾子为鲁宗卿，而任其大政，不慎举，何以堪之？祸必及子！"请观于周乐。使工为之歌《周南》《召南》，曰："美哉！始基之矣，犹未也，然勤而不怨矣。"为之歌《邶》《鄘》《卫》，曰："美哉渊乎！忧而不困者也。吾闻卫康叔、武公之德如是，是其《卫风》乎！为之歌《王》。"曰："美哉！思而不惧，其周之东乎！"为之歌《郑》，曰："美哉！其细已甚，民弗堪也，是其先亡乎！"为之歌《齐》，曰："美哉！泱泱乎，大风也哉！表东海者，其大公乎！国未可量也。"为之歌《豳》，曰："美哉，荡乎！乐而不淫，其周公之东乎！"为之歌《秦》，曰："此之谓夏声。夫能夏则大，大之至也，其周之旧乎！"为之歌《魏》，曰："美哉，沨沨乎！大而婉，险而易行，以德辅此，则明主也。"为之歌《唐》，曰："思深哉！其有陶唐氏之遗民乎！不然，何忧之远也？非令德之后，谁能若是？"为之歌《陈》，曰："国无主，其能久乎！"自《郐》以下，无讥焉。为之歌《小雅》，曰："美哉！思而不贰，怨而不言。其周德之衰乎！犹有先王之遗民焉。"为之歌《大雅》，曰："广哉，熙熙乎！曲而有直体，其文王之德乎！为之歌《颂》，曰："至矣哉！
直而不倨，曲而不屈，迩而不逼，远而不携，迁而不淫，复而不
厌，哀而不愁，乐而不荒，用而不匮，广而不宣，施而不费，取而
不贪，处而不底，行而不流。五声和，八风平，节有度，守有序，
盛德之所同也。"见舞《象箾》《南籥》者，曰："美哉！犹有憾。"
见舞《大武》者，曰："美哉！周之盛也，其若此乎！"见舞《韶濩》
者，曰："圣人之弘也，而犹有惭德，圣人之难也。"见舞《大夏》
者，曰："美哉！勤而不德，非禹，其谁能修之？"见舞《韶箾》者，
曰："德至矣哉，大矣！如天之无不帱也，如地之无不载也。虽
甚盛德，其蔑以加于此矣。观止矣！若有他乐，吾不敢请已。"

　　《春秋事语·吴伐越章》：

　　吴伐越，复其民。以归，弗复□□刑之，使守布周(舟)。……
吴子余祭观舟，阍人杀之。

【新证】

　　余祭余眜在位年数，《史记》《左传》互异，学者多从《左传》而否
定《史记》。但苏州博物馆余眜剑铭文对解决此问题提供了新契
机，对此徐建委有专文论述。他认为《春秋》鲁襄公二十九年经文
"阍弑吴子余祭"一条，参之以《左传》所记吴越之事，知其为一枚错
简，被误编于此年。然三传均有传，故为《春秋》原本之误。①《左
传》鲁襄公二十九年季札观乐的故事并不是一个孤立的事件，它与
《春秋》《左传》前后数年的记事有很强的相关性。经与苏州博物馆
藏余眜剑铭文相参，可确证同年《春秋》所记"阍弑吴子余祭"一条
乃是错简。由此可以判断《左传》中季札、余祭等材料应为后人补
述，季札观乐的故事不会早于公元前403年，此时距鲁襄公二十九

① 徐建委：《〈春秋〉"阍弑吴子余祭"条释证》，《北京师范大学学报》2015年5期。

年(前 544)已 140 多年了。(苏博余眛)剑上的铭文,讲的是余祭在位期间余眛参与的 3 次征伐,伐麻一役已到鲁昭公四年,在《春秋》"阍弑吴子余祭"后 6 年了。故《史记·吴太伯世家》所记余祭在位年数应无误。《春秋》所记余祭被杀确为错简。① 董珊、李家浩等学者认为苏博余眛剑铭中的"伐麻"之战不一定就是"取三邑(棘、栎、麻)而去"之战,而是文献失载的另一次战争。此说于情于理都不太合理。因为能写在剑铭里的一定是非常关键的事件,而文献记载也应该是非常重要的事件,所以漏载之说,恐难立足。因此,对于余眛余祭在位的年数,我们既有《史记》等文献的记载,又有金文的证据,所以在此就以《史记》为准。

鲁,有《鲁世家》。西周初年周公封国,其长子伯禽就国,大祝禽鼎、簋即其器,季札聘鲁,当在春秋晚期鲁襄公时期。春秋时鲁器有七家峪出土之鲁伯驷父为姬沦所做媵器及历城北草沟出土之鲁伯大父鼎和簋。另外,藤县凤凰岭也出土过鲁人嫁女邾国的媵器。

皇甫谧《帝王世纪》:自殷都以东为卫,管叔监之;殷都以西为鄘,蔡叔监之;殷都以北为邶,霍叔监之,是为三监。北,国名,北即史籍中的"邶",周武王封商纣之子武庚于邶。故地在今河南淇县以北、汤阴县东南三十里邶城村。自封城而北谓之邶,南谓之鄘,东谓之卫。金文中的邶器,都是灭武庚后再次分封的。涞水县曾发现多件北子或北伯铜器,金文中的北即邶,有鼎、卣、觯、甗、鬲等礼器。②

墉,国名,墉戈、墉伯簋、墉伯方鼎,或与此地有关。在今卫辉市东北 12 千米的倪湾村发现有明万历十五年立迁居墉城村碑,说

---

① 徐建委:《季札观乐诸问题辩证》,《文学评论》2018 年 5 期。
② 魏建震:《邶国考》,《河北学刊》1992 年 4 期。

明至少到明代当地仍沿用墉城之称。①

卫,有《卫康叔世家》。周文王子康叔封于殷都朝歌,公元前209年为秦所灭。传世有西周康侯丰鼎,丰即封,另有康侯鬲簋爵觯等器,均属卫康侯器。还发现多件春秋战国卫国铜器,如卫子叔旡簋、卫夫人鬲、卫文君鬲等。

齐,有《齐太公世家》。西周初年封太公望于东海之滨,春秋时齐桓公为五霸之一。春战之际被陈田氏取代,仍不失为大国之一,都临淄。春秋时齐器发现颇多,如著名的齐侯壶、现藏大都会博物馆的齐侯四器、公孙灶壶②、庚壶等,孙刚在《东周齐系题铭研究》③中已有精到的研究,可以参见。

郑,有《郑世家》。郑是分封最晚的诸侯,原在关中,两周之际迁往河南,始封君为宣王弟友,始封于郑,即今陕西华县。周幽王时,郑桓公将一部分财物寄于虢郐之间,即今新郑一带。桓公子武公护送平王东迁,顺道灭掉了虢郐,成为东方主要诸侯。清华简对两周之际郑国历史有记载。④ 春秋时期都城在今新郑一带,后被韩国承袭,故又称郑韩故城。郑庄公是春秋时期著名的五霸之一。郑在金文里多写作“奠”。湖北襄樊市襄阳区余岗村团山出土有郑庄公之孙诸器。郑国铜器最大的发现是新郑李家楼器群,据郭宝均等先生的研究,此批铜器的年代应是春秋中晚期的风格,李学勤将其推断为卒于公元前571年的郑成公,或卒于公元前566年的郑僖公。而哀成叔鼎的器主就是郑国最后一

---

① 张新斌:《周初“三监”与邶、鄘、卫地望研究》,《中原文物》1998年2期。
② 齐文涛:《概述近年来山东出土的商周青铜器》,《文物》1972年5期。
③ 孙刚:《东周齐系题铭研究》,上海古籍出版社,2019年。
④ 代生:《清华简(六)郑国史类文献初探》,《济南大学学报》(社会科学版)2018年1期。

位君主，即康叔的后裔。①据李未然2016年统计，春秋时期的郑国有铭青铜器并不多，共搜集了9件郑器，其中食器6件、用器2件、酒器1件。②包括著名的哀成叔豆、鼎，郑庄公之孙鼎、缶等。

《系年》第二章云：周亡王九年，邦君诸侯焉始不朝于周，晋文侯乃逆平王于少鄂，立之于京师。三年，乃东徙，止于成周。晋人焉始启于京师，郑武公亦正东方之诸侯。武公即世，庄公即位。庄公即世，昭公即位。其大夫高之渠弥杀昭公而立其弟子眉寿。齐襄公会诸侯于首止，杀子眉寿，车辕高之渠弥，改立厉公，郑以始正。第八、十二、二十二、二十三章也有郑国历史的记录。

豳，《周本纪》周公刘卒，子庆节立，国于豳。一般认为即陕西邠县，今作彬县。有豳王壶、豳王鬲、豳公盨等西周中期铜器出土或传世。

秦，有《秦世家》。西周中期非子为孝王牧马，受封西戎，西周灭亡时秦襄公救周有功，列为诸侯。秦人在西周询簋以"成秦人"与各种夷人、成周徒亚、降人服夷并列。不其簋铭文中的不其就是秦庄公，不其簋提到的地名多在陇西一带，正好是秦人早期活动的区域。不其兄弟追戎人于西，就是庄公任西垂大夫的西。③在陕西省扶风县太公庙村出土了秦公及王姬钟及镈，铭文内的"我先祖受天命，赏宅受国。烈烈昭文公、静公、宪公"，据李零研究，就是指秦襄公立国之史实。④

---

①赵振华：《哀成叔鼎的铭文与年代》，《文物》1981年7期。
②李未然：《两周郑国青铜器铭文汇考》，天津师范大学硕士论文，2016年。
③李学勤：《秦国文物的新认识》，载《新出青铜器研究》，人民美术出版社，2010年，页231-232。
④陈家宁：《〈史记〉殷、周、秦〈本纪〉新证图补》，厦门大学博士论文，2008年，对于秦国有关史料图像收集颇全面，可参考。

《系年》第三章：成王伐商盖，杀飞廉，西迁商盖之民于邾圄，以御奴且之戎，是秦先人，世作周危。周室既卑，平王东迁，止于成周，秦仲焉东居周地，以守周之坟墓，秦以始大。

去鲁，遂使齐。说晏平仲曰："子速纳邑与政。无邑无政，乃免于难。齐国之政将有所归；未得所归，难未息也。"故晏子因陈桓子以纳政与邑，是以免于栾高之难。

- 余祭四年（襄公二十九年、公元前 544 年）

《春秋》：

吴子使札来聘。

《左传》：

其出聘也，通嗣君也。故遂聘于齐，说晏平仲，谓之曰："子速纳邑与政。无邑无政，乃免于难。齐国之政，将有所归，未获所归，难未歇也。"故晏子因陈桓子以纳政与邑，是以免于栾、高之难。

【新证】

晏平仲即著名的晏子，晏婴。上博简《竞公疟》、清华简《系年》均有晏子之名。在和林格尔小板申村壁画墓，安阳画像石上都有著名的二桃杀三士的故事情节，其中也有晏子的题记和形象。[1] 叔弓镈，据唐兰在《中国青铜器的起源与发展》中指出器主为晏弱，即晏子的父亲。[2] 陈桓子，亦称田桓子无宇，陈逆簠铭文中陈逆自称：余桓子之裔孙。此桓子即陈桓子。也有人认为洹子孟姜壶之

---

① 邢义田：《今尘集》，中西书局，2019 年，页 506 - 507。
② 唐兰：《中国青铜器的起源和发展》，《故宫博物院院刊》1979 年 1 期；《铭图》15829。

洹子也当是桓子，也有人认为洹当读作宣，为陈宣公。李学勤则认为此器涉及史实多和鲁桓公、齐襄公有关，故时代应在春秋早期，器名也应以齐侯壶为准。①

栾高即栾施、高彊，二氏皆齐惠公之后。春秋著名的栾书缶为晋栾氏之器，公子土斧壶铭文里的公孙灶是惠公孙公子栾坚之后②，另外栾左库戈等兵器也和栾氏有关。春秋早期高子戈，当为高氏先祖之器。

去齐，使于郑。见子产，如旧交。谓子产曰："郑之执政侈，难将至矣，政必及子。子为政，慎以礼。不然，郑国将败。"

• 余祭四年（襄公二十九年、公元前 544 年）
《左传》：
聘于郑，见子产，如旧相识，与之缟带，子产献纻衣焉。谓子产曰："郑之执政侈，难将至矣！政必及子。子为政，慎之以礼。不然，郑国将败。"

【新证】
子产，名侨，历经郑成公、郑僖公、郑简公和郑定公四世。③ 约生于公元前 581 年，卒于公元前 522 年，亦见于《清华简》（六）《子产》篇。④

去郑，适卫。说蘧瑗、史狗、史鰌、公子荆、公叔发、公子朝曰：

---

① 李学勤：《齐侯壶的年代与史实》，《中华文史论丛》2006 年 2 期。
② 李春桃：《公子土斧壶铭文探研》，《简帛》第二十辑，上海古籍出版社，2020 年。
③ 刘剑：《子产生卒年考》，《经济研究导刊》2009 年 14 期。
④ 李学勤：《有关春秋史事的清华简五种综述》，《文物》2016 年 3 期。

"卫多君子,未有患也。"

• 余祭四年(襄公二十九年、公元前 544 年)

《左传》:

适卫,说蘧瑗、史狗、史鰌、公子荆、公叔发、公子朝,曰:"卫多君子,未有患也。"

清华简《系年》:

第四章:周成王、周公既迁殷民于洛邑,乃追念夏商之亡由,旁设出宗子,以作周厚屏。乃选建卫叔封于康丘,以侯殷之余民。卫人自康丘迁于淇卫。周惠王立十又七年,赤翟王留吁起师伐卫,大败卫师于睘,幽侯灭焉。翟遂居卫,卫人乃东涉河,迁于曹,焉立戴公申,公子启方奔齐。戴公卒,齐桓公会诸侯以城楚丘,□公子启方焉,是文公。文公即世,成公即位。翟人又涉河,伐卫于楚丘,卫人自楚丘迁于帝丘。

【新证】

卫,有《卫康叔世家》,此时是卫灵公在位时期。史狗之狗,或通敬,或确为犬之义。清华简第二十章"晋幽公立四年,赵狗率师与越公朱句伐齐",晋有赵狗。古玺中有石狗印,汉印有张厌狗印。先秦,有以畜生命名的习俗,仅侯马盟书统计,就有狗、犬、区牛、马、驹、羊等。对此,吴镇烽有较为全面的归纳和总结,但凡虫鱼鸟兽,野生家养均可为名。① 公子荆,字南楚。汉印有姓吴、郭、司马、潘、牟、齐,而名荆者。可见荆到汉代仍是取名的佳字。公子朝,古玺有韩成朝,公叔发,汉印有公孙发。

① 吴镇烽:《金文人名汇编》,中华书局,2006 年,页 466 - 467。

自卫如晋，将舍于宿，闻钟声，曰："异哉！吾闻之，辩而不德，必加于戮。夫子获罪于君以在此，惧犹不足，而又可以畔乎？夫子之在此，犹燕之巢于幕也。君在殡而可以乐乎？"遂去之。文子闻之，终身不听琴瑟。

　　• 余祭四年（襄公二十九年、公元前 544 年）
　　《左传》：

　　自卫如晋，将宿于戚，闻钟声焉，曰："异哉！吾闻之也：'辩而不德，必加于戮。'夫子获罪于君以在此，惧犹不足，而又何乐？夫子之在此也，犹燕之巢于幕上。君又在殡，而可以乐乎？"遂去之。文子闻之，终身不听琴瑟。

【新证】

　　钟，青铜打击乐器，有鎛钟、甬钟、从钟、行钟、大林钟、宝钟、歌钟、铴钟、縢钟、铃钟、奏钟、协钟、鎛林钟、扣钟、大钟等等自铭。有的标明形制，有的指明用途。

　　文子，即孙文子，名林父，卫国世卿。林为人名，父为尊称，在西周即有林鼎，侯马盟书委质类参盟人员林，晋国有荀林父，汉印有张林、杨林等。

　　琴瑟，弦乐器，曾侯乙墓曾出土有多件琴瑟实物。琴瑟二字最早见于战国楚文字《孔子诗论》《性情论》，由刘国胜释出，琴为形声字，瑟为象形字。在清华简《周公之琴舞》中也有琴字。①

　　适晋，说赵文子、韩宣子、魏献子曰："晋国其萃于三家乎！"将去，谓叔向曰："吾子勉之！君侈而多良，大夫皆富，政将在三家。

---

① 李守奎：《古文字与古史新证》，中西书局，2015 年，页 297。

吾子直，必思自免于难。"

• 余祭四年（襄公二十九年、公元前 544 年）

《左传》：

适晋，说赵文子、韩宣子、魏献子，曰："晋国其萃于三族乎！"说叔向。将行，谓叔向曰："吾子勉之！君侈而多良，大夫皆富，政将在家。吾子好直，必思自免于难。"

【新证】

晋，有《晋世家》。春秋晚期六家执政，后韩赵魏三家分晋。赵文子，即赵武，也称赵孟，是侯马盟书主盟人、赵孟疥壶器主简子赵鞅之祖父。上博简《竞公疟》、清华简《系年》，有赵文子的记载。盟书 105 坑之"□无恤"第一字残，李学勤认为是赵简子之子赵襄子。[1] 另外智子鉴的主人可能是智氏末代智襄子瑶。[2] 赵氏联合智氏等消灭了中行氏，后又被灭。中行林父，亦见于《系年》第十二章"晋中行林父率师救郑"，中行林父就是荀林父。

韩宣子，名起，未见春秋韩氏青铜器，侯马盟书 105 坑内有"韩子之所"，此韩子当为和赵文子同时代的韩简子。据张颔的研究，沁阳盟书内有韩杏、韩㲬、韩□，此三人应即韩氏族人。[3] 著名的𪊨羌钟是一件和韩国早期历史有关的铜器，其铭文曰：

唯廿又再祀，𪊨羌作戎，厥辟韩宗献帅，征秦迮齐，入长城，先会于平阴，武奄恃力，袭夺楚京，赏于韩宗，令于晋公，昭于天子，用明则之于铭，武文咸烈，永世毋忘。

一般认为"赏于韩宗，令于晋公，昭于天子"字样，反映了韩未

① 李学勤：《东周与秦代文明》，上海人民出版社，2016 年，页 42。
② 李夏廷：《流散美国的晋式青铜器（下）》，《文物世界》2001 年 1 期。
③ 张颔等：《侯马盟书》，山西古籍出版社，2006 年，页 91。

为诸侯前和晋的关系，并补充了战国初年列国史料。①

魏献子，名舒。魏，金文作䰩，后省山旁。据文献记载，韩赵魏三家联合，抵制中行氏，但侯马盟书中未发现魏氏。

上博藏吕伯钟，铭文：余毕公之孙，邵（吕）伯之子……。王国维等认为邵伯即魏献子，器为吕锜后人所作。② 刘雨、汤余惠则认为器主另有其人，但时代仍在晋悼公时期。③ 上海博物馆藏邵大叔斧，时代为春秋晚期，也是晋国贵族邵氏遗物。④ 此二器是仅存的和魏国历史有关的铜器。

叔向，姬姓，羊舌氏，名肸，亦见于清华简《良臣》"晋文公有子犯，有子余，有咎犯，后有叔向"。

政将在三家，即后来的三家分晋，马王堆帛书《春秋事语》韩魏章，"三家为一，一反知□"即和此有关。帛书里的韩魏，即指韩宣子和魏献子，联合赵孟子反对另一执政知伯。

季札之初使，北过徐君。徐君好季札剑，口弗敢言。季札心知之，为使上国，未献。还至徐，徐君已死，于是乃解其宝剑，系之徐君冢树而去。从者曰："徐君已死，尚谁予乎？"季子曰："不然。始吾心已许之，岂以死倍吾心哉！"

【新证】

季札挂剑不见于《左传》，太史公当另有所本。徐，金文作郐，

---

① 陈民镇：《䰩羌钟与清华简〈系年〉合证》，《考古与文物》2015 年 6 期；张树国：《〈䰩羌钟〉铭与楚竹书〈系年〉所记载国初年史实考论》，《中华文史论丛》2016 年 2 期；《铭图》15429。

② 王国维：《观堂集林》卷 18 "邵钟跋"，中华书局，1994 年，页 891－893；《铭图》1570。

③ 参见王辉：《商周金文》，文物出版社，2006 年，页 283。

④ 吴毅强：《晋铜器铭文研究》，浙江大学出版社，2018 年，页 304－305。

嬴姓诸侯国，中心在今江苏泗洪一带（图六）。目前已发现徐王鼎、
宜桐盂、庚儿鼎、沇儿镈、徐王子旃钟、徐王又觯、义楚觯、徐尹钲、
徐王义楚觯、徐王义楚盘、徐令尹者旨炉盘、徐王义楚元子剑、僕儿
钟、徐王之子戈、徐尹汤鼎、徐王炉、次□缶盖等十余器。① 目前已

图六　徐国故城位置示意图

---

① 孔令远：《徐国的考古学发现与研究》，四川大学博士论文，2002 年。

知五位徐王的名字，即季粮、庚、弔又、义楚、章禹。子旃，①赵世纲将"旃"释为"旃"，并指出徐属淮夷，不同于中原，不称王子某某，故此子旃即为徐王之一，而子旃即宜桐盂中的"宜桐"。因此，赵文将徐王世系中的徐王增加到了六位，并将其年代定在春秋中叶偏晚，约当鲁成公时期，在徐王粮之后，徐王庚之前。② 季札所见之徐王当是徐王义楚前的某位徐王，约相当于徐王季粮、徐王庚前后。徐处于吴楚之间，叛服无常，后被楚所灭，部分贵族逃至越，故在楚越境内均有徐器出土。镇江北顶山甚六之妻鼎③铭文有"以挞工吴王"字样，以出土地点和铜器风格论，诸家以为此器当为徐器。

叡巢镈铭文：叡巢曰"余攻王之玄孙"，之"攻王"一般认为是攻吴王漏铸的结果，但也有人认为是次尸缶中的徐頔王、攻王，均为徐国先君"徐驹王"，攻通句，攻王即驹王。④

季札挂剑的图像在汉代已经很流行，《后汉书·赵岐传》就记载在其自做的墓室里绘有此图案，在画像石⑤如山东嘉祥宋山祠堂画像石、滕州祠堂画像石、徐州画像石墓、陕北画像石墓、四川雅安高颐阙上，以及熹平三年芦山汉墓出土的摇钱树座⑥上有具体描绘，在三国朱然墓出土的漆盘上也有该画面。⑦

七年，楚公子围弑其王夹敖而代立，是为灵王。十年，楚灵

① 李学勤：《东周与秦代文明》，上海人民出版社，2016 年，页 139－140。
② 赵世纲：《徐王子旃钟与徐君世系》，《华夏考古》1987 年 1 期。
③ 曹锦炎：《北山铜器新考》，《东南文化》1988 年 6 期；《铭图》02410。
④ 商志䶑：《次□缶铭文考释及相关问题》，《文物》1989 年 12 期；孔令远：《徐国的考古发现与研究》，四川大学博士论文，2002 年；《铭图》15783。
⑤ 张柯：《与〈史记〉有关的汉画像石综述》，《开封大学学报》2013 年 3 期。
⑥ 王煜等：《雅安芦山汉墓出土摇钱树座初步研究》，《中国国家博物馆馆刊》2015 年 2 期。
⑦ 丁邦钧：《安徽马鞍山东吴朱然墓发掘简报》，《文物》1986 年 3 期。

王会诸侯而以伐吴之朱方,以诛齐庆封。吴亦攻楚,取三邑而去。十一年,楚伐吴,至雩娄。十二年,楚复来伐,次于乾谿,楚师败走。

• 余祭六年(襄公三十一年、公元前 542 年)

《左传》:

吴子使屈狐庸聘于晋,通路也。赵文子问焉,曰:"延州来季子其果立乎?巢陨诸樊,阍戕戴吴,天似启之,何如?"对曰:"不立。是二王之命也,非启季子也。若天所启,其在今嗣君乎!甚德而度,德不失民,度不失事,民亲而事有序,其天所启也。有吴国者,必此君之子孙实终之。季子,守节者也。虽有国,不立。"

• 余祭七年(昭公元年、公元前 541 年)

《春秋》:

秋,莒去疾自齐入于莒。莒展舆出奔吴。

《左传》:

五月,庚辰,郑放游楚于吴。

莒展舆立,而夺群公子秩。公子召去疾于齐。秋,齐公子鉏纳去疾,展舆奔吴。(注,其母为吴国女)

冬,楚公子围将聘于郑,伍举为介。未出竟,闻王有疾而还。伍举遂聘。十一月,己酉,公子围至,入问王疾,缢而弑之。遂杀其二子幕及平夏。右尹子干出奔晋。宫厩尹子皙出奔郑。杀大宰伯州犁于郏。

• 余祭十年(昭公四年、公元前 538 年)

《春秋》:

夏,楚子、蔡侯、陈侯、郑伯、许男、徐子、滕子、顿子、胡子、沈子、小邾子、宋世子佐、淮夷会于申。

楚人执徐子。

秋七月，楚子、蔡侯、陈侯、许男、顿子、胡子、沈子、淮夷伐吴。执齐庆封，杀之。遂灭顿。

《左传》：

徐子，吴出也，以为贰焉，故执诸申。

秋，七月，楚子以诸侯伐吴。宋大子、郑伯先归。宋华费遂、郑大夫从。使屈申围朱方，八月，甲申，克之。执齐庆封而尽灭其族。

冬，吴伐楚，入棘、栎、麻，以报朱方之役。楚沈尹射奔命于夏汭，箴尹宜咎城钟离，薳启疆城巢，然丹城州来。

• **余祭十一年**（昭公五年、公元前 537 年）

《春秋》：

冬，楚子、蔡侯、陈侯、许男、顿子、沈子、徐人、越人伐吴。

《左传》：

楚子以屈伸为贰于吴，乃杀之。

冬，十月，楚子以诸侯及东夷伐吴，以报棘、栎、麻之役。薳射以繁扬之师，会于夏汭。越大夫常寿过帅师会楚子于琐。闻吴师出，薳启疆帅师从之，遽不设备，吴人败诸鹊岸。楚子以驲至于罗汭。吴子使其弟蹶由犒师，楚人执之，将以衅鼓。王使问焉，曰："女卜来吉乎？"对曰："吉。寡君闻君将治兵于敝邑，卜之以守龟，曰：'余亟使人犒师，请行以观王怒之疾徐，而为之备，尚克知之。'龟兆告吉，曰：'克可知也。'君若欢焉，好逆使臣，滋敝邑休殆，而忘其死，亡无日矣。今君奋焉震电冯怒，虐执使臣，将以衅鼓，则吴知所备矣。敝邑虽羸，若早修完，其可以息师。难易有备，可谓吉矣。且吴社稷是卜，岂为一人？使臣获衅军鼓，而敝邑知备，以御不虞，其为吉孰大焉？国之守龟，其何事不卜？一臧一否，其谁能常之？城濮之兆，其报在邲。今此行也，其庸有报志？"乃弗杀。

楚师济于罗汭，沈尹赤会楚子次于莱山。薳射帅繁扬之师，先入南怀，楚师从之，及汝清。吴不可入。楚子遂观兵于坻箕之山。

是行也，吴早设备，楚无功而还，以蹶由归。楚子惧吴，使沈尹射待命于巢，薳启疆待命于雩娄，礼也。

• 余祭十二年（昭公六年、公元前536年）

《春秋》：

楚薳罢帅师伐吴。

《左传》：

（秋九月）徐仪楚聘于楚。楚子执之，逃归。惧其叛也，使薳泄伐徐。吴人救之。令尹子荡帅师伐吴，师于豫章，而次于乾谿。吴人败其师于房钟，获宫厩尹弃疾。子荡归罪于薳泄而杀之。

• 余祭十六年（昭公十二年、公元前530年）

《春秋》：

楚子伐徐。

《左传》：

楚子狩于州来，次于颍尾。使荡侯、潘子、司马督、嚣尹午、陵尹喜帅师围徐，以惧吴。楚子次于乾谿，以为之援。

清华简《系年》：

第五章：文王以北启，出方城，圾于汝，改旅于陈，焉取顿以赣陈侯。

第十五章：灵王伐吴，为南淮之行，执吴王子蹶由，吴人焉或服于楚。

第十八章：康王即世，孺子王即位，灵王为命尹会赵文子及诸侯之夫，盟于虢。孺子王即世，灵王即位。灵王先起兵，会诸侯于申，执徐公，遂以伐徐，克赖，邡邡，伐吴，为南淮之行。县陈蔡，杀蔡灵侯。灵王见祸，竞平王即位。

第十九章：楚灵王立，即县陈蔡。

清华简《楚居》：

至灵王自为郢徙居秦（乾）溪之上，以为处于章□□□（华之台）。

上博简《申公臣灵王》：

王子回夺之，申公争之。王子回立为王。申公子皇见王，王曰："申公忘夫析述之下乎?"申公曰："臣不智君王之将为君，如臣智君王之为君，臣将或致安。"

上博简《灵王遂申》：

灵王既立，申、息不憖。王败蔡灵侯于吕，命申人室出，取蔡之器。执事人夹蔡人之军门，命人毋敢出。

【新证】

上博简里的王子回，即王子围，也就是灵王。这一段记载了王子围夺取王位，受到了公子申的抵制，以及后续的史实。陈伟等认为《申公臣灵王》是《左传》襄公二十六年穿封戌与楚灵王的事。[1]

取三邑而去，即棘栎麻三邑。此事见载于新发现的两柄余眜剑，详细记载余祭在位时期余眜参加的几场重要战役。苏州博物馆余眜剑铭文尤其完整，麻字做"廲"，铭文作"命伐麻，败麻"，即指

---

① 陈伟：《读〈上博六〉条记》，载武汉大学简帛网站，2007 年 7 月 9 日；汤志彪：《上博（六）〈申公臣灵王〉疏解及其性质和意义》，《东北师范大学学报》2013 年 5 期。

此事。栎地，据徐少华考证，即《包山楚简》里的"罷"，具体地望当在淮北，位于正阳兼陵间，距鄝地不远。[①] 接着楚为了报复吴国，伐吴，余眜参与了此战，"御荆，荆奔"，即"至于零娄"之事，董珊以鲁迅路吴剑将此战理解为荆伐徐，吴作为徐的盟国参战，应即本剑铭文所载之"王围昜，既北既殃"之战。

吴楚之战，先由楚召集蔡徐许顿胡沈等伐吴，接着吴反击，楚所纠集的诸侯就是绍兴路余眜剑铭文之"七邦君"，但是接下来在抵御越人的过程中"命御越，唯弗克，未败吴邦。戲戉此邻命我为王"。据周亚研究，此铭文是吴人对余祭战死的隐晦说法。

所谓七邦君就是《左传》所载"楚子、蔡侯、陈侯、许男、顿子、沈子、徐人、越人"。

这时候是楚灵王、蔡灵侯、陈哀侯、许悼公[②]的时代。顿子仅见于陈原中簠中；[③]沈子，西周即有此国，如沈子簋、沈子卣；孙叔敖碑里的潘国，据李学勤研究，就是文献里的沈国，[④]魏嵩山对此做了进一步研究。[⑤] 徐人、越人习见。《系年》第五章则反映了陈顿楚之间的关系。[⑥] 丹徒北山顶春秋墓出土铜乐器[⑦]及邳州九女墩 M4 曾出土攻吴王光戈和徐王子羽戈，M6 也有一些残器都是吴

---

① 徐少华：《包山楚简释地》，《荆楚历史地理与考古探研》，商务印书馆，页 201-202。但也有不同的看法，参加陈伟：《楚地出土简册（十四种）》，武汉大学出版社，2016年，页 64。

② 徐少华：《许国铜器及历史地理研究》，《江汉考古》1994 年 9 期；李广安：《湖北谷城出土许国铜器》，《文物》2014 年 8 期，许公买即悼公子。

③ 闫德亮：《顿国历史与地理考论》，《史学月刊》2010 年 10 期；陈冬仿：《古顿国考辨》，《中原文物》2014 年 12 期；秦永军等：《河南商水县出土周代青铜器》，《考古》1989 年 4 期；《铭图》05947-9。

④ 李学勤：《论江淮间的春秋铜器》，《文物》1980 年 1 期。

⑤ 魏嵩山：《沈国与寝丘地理辩证》，《湖南大学学报》1992 年 2 期；赵燕姣等：《"汉阳诸姬"之唐、沈二国考》，《文博》2010 年第 6 期。

⑥ 许可：《清华简〈系年〉第五章与楚顿关系新证》，《管子学刊》2015 年 2 期。

⑦ 马国伟：《先秦吴越音乐研究》，人民音乐出版社，2019 年，页 430。

徐关系和文化交流的反映，如龙虎形鼓架里有"以克楚师"字样。①

楚师驻地繁阳亦写作繁扬，金文里做繁汤，在鄂君启节车节铭文里有"庚繁阳、庚高丘，庚居巢"，繁阳地望，陈伟考订约在今安徽太和县北。繁阳作为春秋时战略物资青铜的转运地，而在其他铭文里得到验证，如晋姜鼎、曾伯簠、洛阳繁汤之金剑等。②

《吴世家》有关余祭的记载很少，但在此节插入了大段季札出使的内容。这些内容和《左传》几乎完全相同，只有个别字句略有差异，应是传播中产生的异文。余祭在位时期，仍然坚持寿梦诸樊以来的策略，和楚国在州来一带展开了激烈的争夺，并互有胜负。由此导致吴楚之间的徐舒摇摆不定，这在客观上促进了文化的交流与融合。楚灵王、吴余祭时期，吴楚之争的主战场仍然在淮河流域，即所谓的"南淮之行"，③南淮应该是个区域，而非一个具体地名。④

---

① 徐州博物馆：《江苏邳州市九女墩春秋墓发掘简报》，《考古》2003 年 9 期；孔令远：《江苏邳州市九女墩六号墓出土铜器铭文考》，《考古》2006 年 10 期。
② 陈伟：《楚东国地理研究》，武汉大学出版社，1992 年，页 220 - 221。
③ 马楠：《清华简〈系年〉辑证》，中西书局，2015 年，页 229 - 235。
④ 董珊：《读清华简〈系年〉》，《简帛文献考释论丛》，上海古籍出版社，2014 年，页107。

余　昧

十七年,王余祭卒,弟余昧立。王余昧二年,楚公子弃疾弑其君灵王代立焉。

● 余昧二年(昭公十三年、公元前 529 年)

《春秋》:

吴灭州来。

《左传》:

楚师还自徐,吴人败诸豫章,获其五帅。(五帅即荡侯、潘子、司马督、嚣尹午、陵尹喜五人)

晋成虒祁,诸侯朝而归者,皆有贰心。为取郠故,晋将以诸侯来讨。叔向曰:"诸侯不可以不示威。"乃并征会,告于吴。秋,晋侯会吴子于良。水道不可,吴子辞,乃还。

吴灭州来。令尹子期请伐吴。王弗许,曰:"吾未抚民人,未事鬼神,未修守备,未定国家,而用民力,败不可悔。州来在吴,犹在楚也。子姑待之。"

清华简《系年》:

第十五章:"灵王即世,景平王即位。"

第十八章:"灵王见祸,景平王即位。"

清华简《楚居》:

至灵王自为郢徙居秦(乾)溪之上,以为处于章□□□(华之台）。竞（景）平王即位，犹居秦（乾）溪之上。至昭王自秦（乾）溪之上徙居嬓郢，居鶚郢，徙为郢。阖庐入郢焉，复徙居秦溪之上，复徙袭嬓郢。

上博简《君人者何必安哉（甲、乙）》：

……先君灵王干（乾）溪云殒尔……

上博简《平王与王子木》：

竞（竞）坪（平）王命王子木守城父，过申，暑食于毘宿，城公干蔌（遇）听于畴中。王子问城公："此何？"城公答曰："畴。"王子曰："畴何以为？"曰："以种麻。"王子曰："何以麻为？"答曰："以为衣。"城公起曰："臣将有告，吾先君庄王至河淮之行，暑食于毘宿，酪菜不爨，王曰：'瓮不盖。'先君知瓮不盖，酪不爨，王子不智（知）麻，王子不得君楚，邦国不得。"

《春秋事语·吴伐越章》：

吴伐越，复其民。以归，弗复口口刑之，使守布周（舟）。纪槽曰："刑不尝，使守布周（舟），游（留）其祸也。刑人但（耻）刑而哀不辜，口容（怨）以司（伺）间，千万，必有幸矣。吴子余蔡（祭）观周（舟），（阍）人杀之。"

【新证】

吴王余昧，寿梦第三子，公元前530年-公元前527年在位，在位四年。余昧有关文物发现极少，只有近年发现的鲁迅路余昧剑（图一）和苏博余昧剑（图二）二件文物。余昧，金文作乌雓；苏博剑、绍兴剑称其为姑雠乌雓、姑雠雓。

苏博余昧剑铭文长达75字：攻盧（吴）王姑雠乌雓曰：余，寿梦之子；余，叔钺邻之嗣弟。叔钺此邻命初伐麻，败麻，只（获）众多；命御䣄（荆），䣄（荆）奔，王围膴，既北既殃，不争（？）敢锅；命御

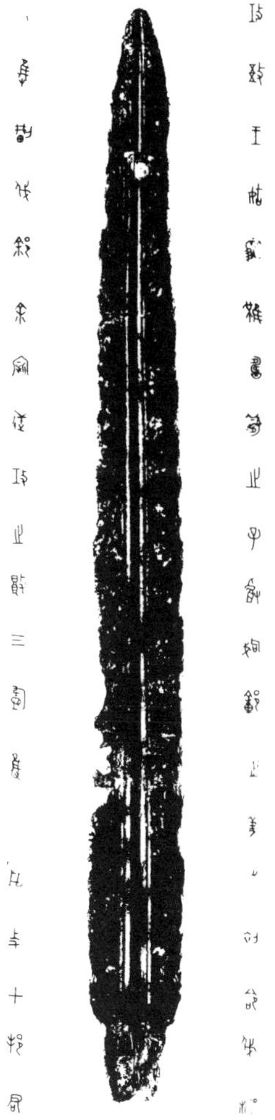

图一
余眜剑铭文（绍兴）

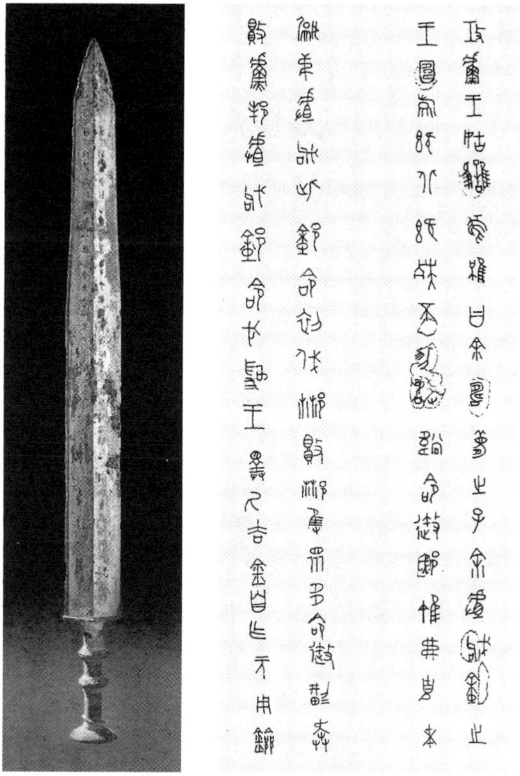

图二
1. 余眜剑（苏博） 2. 余眜剑铭文摹本（苏博）

表一　余眛名号

出　　处	写　　法
春秋昭公十五年	夷末
吴世家	余眛
刺客列传	夷眛
刺客列传(索隐)引公羊传	余末
鲁迅路余眛剑	姑鱶雖
苏博余眛剑	姑鱶乌雖

邦(越)，锥(唯)弗克，未败虜(吴)邦。叡觖邶命戈(我)为王，择厥吉金自作元用剑。绍兴余眛剑铭文略残，也多达 40 余字：攻吴王姑鱶雖，寿梦之子，叡觖邶之义弟，初命伐麻，有获。荆伐徐，余亲逆，攻之。败三军，获车马，攴七邦君。有关余眛的记载非常少，此二剑铭文补充了很多新知。二剑铭文里的史实大多发生在他哥哥余祭在位时期，都可以和《左传》的记载相对应。如伐麻之战，就是余祭十年“取三邑而去”里的麻，荆伐徐即余祭十年楚伐徐之战，吴作为徐的母舅之国采取了救徐行动，七邦君就是余祭十年七月楚蔡等诸侯联军。苏博余眛剑铭文“叡觖邶命我为王”，即指余眛立为吴王之事，即是兄终弟及之制的反映。关于此二剑，苏州博物馆组织了展览，召开了研讨会，具体详情可参阅《兵与礼——苏州博物馆新入藏吴王余眛剑研讨会论文集》。①

---

①　苏州博物馆编：《兵与礼——苏州博物馆新入藏吴王余眛剑研讨会论文集》，文物出版社，2015 年。

楚公子弃疾，即楚平王，河南南阳出土有弃疾簠，器主即后来的平王，金文又作竞平王、竞坪王，竞通景，是平王的谥号，景之定器群当是平王后裔之器。景之定，李学勤认为可能是《左传》哀公四年之楚左司马眅。① 弃疾是习见人名，另有曾公子弃疾簠、缶等器出土。秦汉印章多有弃疾、去疾、远疾，著名的霍去病，也和弃疾同义。上博简中的王子木即楚平王太子建。木与建或一名一字。②

乾溪，文献里多次出现，是吴楚交兵的一个关键地点，楚灵王即死于此地。刘彬徽认为包山楚简172"辛亥……郍郣少司马"之"郍郣"与汉晋时期的城父郋乡为同一地点，夷——城父实即乾溪——郍郣——郋乡，即亳县东南，③谭图即标乾溪于此。这个结论和石泉的研究不合，石泉认为乾溪的地望约在"阜阳以东，凤台以西，西淝河右岸"。④《楚居》里的秦溪，整理者认为秦通乾，但黄灵庚认为此字非秦字，当隶为"桊"，音卷。桊、乾，同见纽、元部字，例得通用。⑤

四年，王余昧卒，欲授弟季札。季札让，逃去。于是吴人曰："先王有命，兄卒弟代立，必致季子。季子今逃位，则王余昧后立。今卒，其子当代。"乃立王余昧之子僚为王。

　•余昧四年（昭公十五年、公元前 527 年）
　　《春秋》：

　① 李学勤：《论景之定及有关史事》，《新出青铜器研究》，人民美术出版社，2016年，页 363－365；《铭图》30178。
　② 徐少华：《楚竹书〈申公臣灵王〉与〈平王与王子木〉两篇补论》，《江汉考古》2009年 4 期。
　③ 湖北省荆沙铁路考古队：《包山楚墓》，文物出版社，1991 年，附录二十四。
　④ 石泉：《古代荆楚地理新探·续集》，武汉大学出版社，2013 年，页 307。
　⑤ 黄灵庚：《清华战国竹简〈楚居〉笺疏》，《中华文史论丛》2012 年 1 期。

十有五年，春，王正月，吴子夷末卒。

【新证】

余眛卒后，葬于何处史无明文，张敏根据镇江北顶山春秋墓出土暗格纹矛（图三）上的铭文，将此墓定为余眛墓，并由此对吴国先祖墓进行了推测。北山顶墓（图四）位于北山的顶部（北山顶，又名背山顶或背顶山），海拔81.6米，为大港至谏壁间最高峰。北山东距大港镇约3千米，西距谏壁镇约5千米，其东为西烟墩山，西为青龙山，南靠连绵的大山（山名），北临滔滔长江。墓葬编号为84DBM，封土的平面近似椭圆形，高5.5米，顶部南北7.05、东西12.25米，底部南北30.75、东西32.25米。封土之下是墓坑。墓坑是在山的顶部将厚约1.5米的岩石风化土修成平台后再下挖而

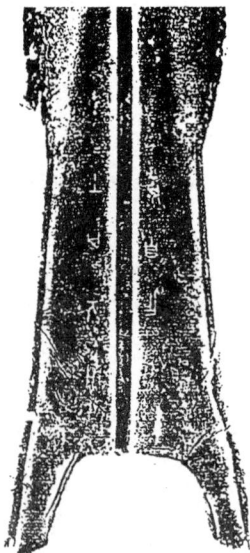

图三
北山顶余眛矛铭文

成。墓坑平面呈刀形，由长方形墓室和长条形墓道组成。墓坑上大下小，坑壁向内倾斜。墓坑底部基岩经过修整，墓道与墓室之间的底部有一道凸起的石脊作为分界，坑底边缘有些地方还整齐地排列着石块。墓室长5.8、宽4.5、深1.35－1.45米；墓道偏在墓室的西北，长5.8、宽2.35、深1.15－1.25米。墓向270°。墓坑北面的土台长约18、宽约13米，南面的土台长约18、宽约7米。墓坑两侧的平台上，各有一附葬人牲并有少量随葬品。墓道内依随葬情况可分为三层。上层偏在西北角，堆放着青铜盖弓帽26件，盖斗帽1件；中层，偏在南则，有一附葬人牲，有少量陶器随葬；下层，即墓道的底部，置放青铜礼

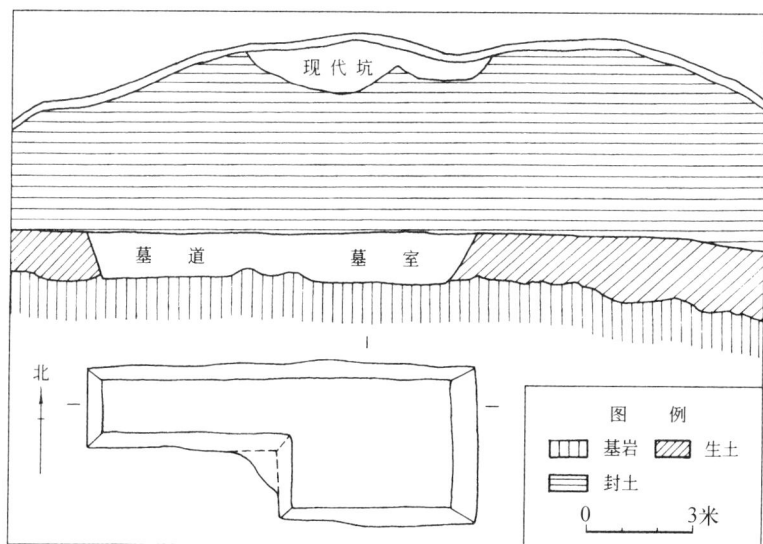

图四　丹徒北山顶墓

器、乐器、兵器、乐器、车器、马器、工具等。墓道底部的西北角置青铜鼎 3 件，皆有盖，中鼎和大鼎并列，小鼎在中鼎的东面，中鼎下有青铜勺 1 件，鼎内均有动物骨骼。大鼎的南面，并列两件青铜缶，缶有盖。缶的南面，即西南角，置青铜兵器 10 余件。鼎缶的东面是錞于和悬鼓。悬鼓的东边是车马器和鸠杖。墓道中还出土编磬、编钟以及各式工具共百余件。墓室在封土下的中心部分，早年被盗，从封土内发现带环青铜棺钉来看，原应有葬具，然已不存。在墓室的西南角残留一些盗后的弃余物，主要有青铜大矛 1 件，还有镦，柲已朽。另外还有一些陶器和青铜器残片。封土及周边出土有陶片和原始瓷片。墓道出土青铜器中器主可辨的有甚六钟、鼎、尸祭缶，以及所谓的"余昧矛"。因为此矛铭文的第一字漫漶不清，左侧第一字为工清晰可辨。报告作者将第一字理解为余眛的合文，[①]后来学者又提出要将其定为吴器，就得先从右侧读一字"工"，然后再跳到左侧读一字，再返回右侧。[②] 我们主张按照正常字序读作"（徐）自作（戎？）/工其元用"。北顶山墓的出土物非常复杂，张敏本人也同意甚六鼎等器为徐器。[③] 最近南博同仁又提供了较为清晰的左侧第一字照片，我们认为第一字更像"徐"，而不像"虎头鱼"，所以所谓的余眛墓尚需进一步考证。

---

① 江苏省丹徒考古队：《江苏丹徒北山顶春秋墓发掘报告》，《东南文化》1988 年 3、4 期。

② 董珊：《吴越题铭研究》，科学出版社，2014 年，页 15 - 16；如此则器主为工吴，工吴即戴吴，即余祭。

③ 张敏：《吴越文化比较研究》，南京出版社，2018 年，页 276 - 277。

王　僚

王僚二年,公子光伐楚,败而亡王舟。光惧,袭楚,复得王舟而还。

• 王僚 2 年(昭公十七年、公元前 525 年)

《春秋》:

　　楚人及吴战于长岸。

《左传》:

　　吴伐楚。阳匄为令尹,卜战,不吉。司马子鱼曰:"我得上流,何故不吉?且楚故,司马令龟,我请改卜,令曰,鲂也以其属死之,楚师继之,尚大克之!"吉。战于长岸。子鱼先死,楚师继之,大败吴师,获其乘舟余皇。使随人与后至者守之,环而堑之,及泉,盈其隧炭,陈以待命。吴公子光,请于其众,曰:"丧先王之乘舟,岂惟光之罪,众亦有焉。请藉取之,以救死。"众许之。使长鬣者三人,潜伏于舟侧,曰:"我呼余皇,则对。师夜从之。"三呼,皆迭对。楚人从而杀之。楚师乱,吴人大败之,取余皇以归。

【新证】

　　王僚,字州于,公元前 526 年-公元前 515 年在位。山西万荣出土有"王子于"戈(图一),一般认为即王僚之器。此戈的国属和器主学界意见并不统一,最近马晓稳分析诸家意见之后,提出"对于该戈是否一定属于吴,总觉不安。即使属吴,王子于是否一定就是僚"。① 最近披露的一件所谓王僚剑(图二)，铭文为错金鸟虫书两行"子谓为于，王用剑之"，②就其图版和文例来看，应是伪器，不足论。

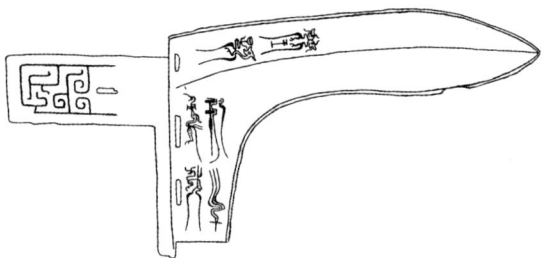

图一　王子于戈

图二　王僚剑

---

① 马晓稳：《吴越文字资料整理及相关问题研究》，吉林大学博士论文，2017年，页142；陈苗：《山西地区出土两周时期青铜兵器研究》，陕西师范大学硕士学位论文，2014年，页78。

② 刘金海：《吴王僚错金铭文剑》，《文物鉴赏与研究》2012年2期。

表一　王　僚　名　号

出　　处	写　　法
《左传》昭公二十年	州于
《春秋》昭公二十七年	僚
王子于戈	玖
东吴博物馆吴王剑	足矣吴？
无锡博物院吴王剑	者彶虝虝？
虝巢钟	詨？

最近新发现之苏州东吴博物馆"攻吴王足矣吴自作元用剑"（图三，《铭图》31343）之"足矣吴"，也应是州于的对音，另外无锡博物院藏"攻敔王者彶虝虝自乍元用剑"（图四），吴镇烽等人认为也是王僚之器。[1]　当然也有不同的看法，有人认为是阖闾之器。[2]　虝巢钟"余攻王之玄孙，余詨子"之"詨"，冯时，[3]董珊以为可能是王僚，[4]但孔令远认为不是吴器，而是徐器。[5]

王僚的身份，一般以为他是余眛之子，但《公羊传》以为他是寿梦的庶子。对此，杨伯峻《春秋左传注》对诸家旧释做了归纳，但仍无确证。[6]　因为目前尚无可以确信的吴王僚之器出土。考虑到后来阖闾一再宣称自己是诸樊之子，但在诸多铭文中却从未提及，这

① 吴镇烽：《记新发现的两把吴王剑》，《江汉考古》2009 年 3 期。
② 董珊：《吴越题铭研究》，科学出版社，2014 年，页 31。
③ 冯时：《虝巢钟铭文考释》，《考古》2000 年 6 期，页 73－78。
④ 董珊：《吴越题铭研究》，科学出版社，2014 年，页 89－90。
⑤ 孔令远、李艳华：《也论虝巢编镈的国别》，《南方文物》2000 年 2 期。
⑥ 杨伯峻：《春秋左传注》，中华书局，2009 年，页 1483。

图三
工吴王足矣吴剑铭文

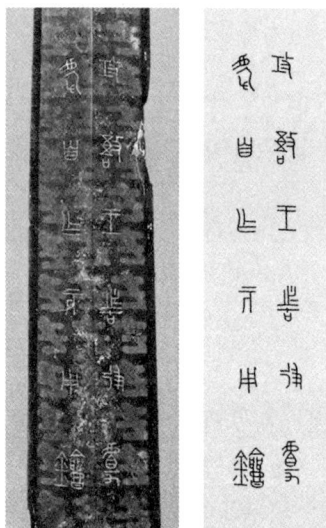

图四
工吴王者彶虝剑铭文

恐是非常反常的表现。因此，《公羊传》的记载不可轻易否定。以目前的资料看，王僚的身份到底是寿梦之子还是余眜之子，仍没有较好的解决方案。吴王僚在位 12 年，和诸樊在位时间相当，竟然无一件可以确认的铜器出土，除了文物出土的偶然性外，颇疑有被吴王光有意识销毁的可能。《左传》昭公二十三年"冬十月甲申，吴大子诸樊入郢"，这时的吴王为王僚，王僚之子名诸樊，和寿梦之子诸樊重名。如果王僚为诸樊之庶弟，则二诸樊为叔侄关系，如果王僚为余眜之子，则为祖孙关系。吴越王室确实在取名方面没有太多讲究，但多为隔代重名。

公子光即后来著名的吴王阖闾,董珊、①曹锦炎②等人都曾著
录发表过吴王之子带钩,此吴王之子董珊以为即吴王光。公子光,
即吴王阖闾之名,金文作趞光、韩光、光逗等,③张家山汉简等作盇
间,《系年》作盇庐。一般认为阖闾和光是反义,一字一名。

楚将子鱼,石志廉认为楚王孙渔戟的器主即此人,④但刘彬
彬、⑤李零、⑥曹锦炎、⑦邹芙都⑧等表示反对。李零认为渔的隶定
恐有问题,并且子鱼的身份是公子,不是王孙,戟的形制也接近战
国中期。所以王孙渔是不是子鱼,尚需进一步考证。另有竞之渔
鼎、竞之定鬲等,和此器有关。谢明文认为,竞是楚平王的谥号
"景",应该是和戟的主人同一人,即司马子鱼。⑨ 当然,董珊认为
竞孙鬲、胡的器主名字不当为渔,而是"旟",细审图版确实在字形
上有一定的差距。所以楚王孙渔和竞孙旟的关系和身份还需要更
多的证据来确定。⑩

长岸,在上博简《邦人不称》中似有出现,但"长"后一字残缺,
也有不同的意见。杨伯峻谓:"长岸,《大事表》七之四谓今安徽当
涂县西南三十里有西梁山,与和县南七十里东梁山夹江相对,如门
之阙,亦曰天门山。《郡国志》云:春秋楚获吴乘舟余皇处也。"⑪

---

① 董珊:《吴越题铭研究》,科学出版社,2014 年,页 32。
② 曹锦炎:《吴王光带钩小考》,《东南文化》2013 年 2 期。
③ 董珊:《吴越题铭研究》,科学出版社,2014 年,页 31。
④ 石志廉:《"楚王孙渔"铜戈》,《文物》1963 年 3 期;《铭图》16908。
⑤ 刘彬徽:《楚系青铜器研究》,湖北教育出版社,1995 年,页 337。
⑥ 李零:《楚国铜器铭文编年汇释》,《古文字研究》(第十三辑),中华书局,1986
年,页 377 - 378。
⑦ 曹锦炎:《鸟虫书通考》,上海书画出版社,1999 年,页 167、171。
⑧ 邹芙都:《楚系铭文综合研究》,巴蜀书社,2007 年,页 140 - 141。
⑨ 谢明文:《竞之魝鼎考释》,《出土文献》第九辑,中西书局,2016 年,页 67 - 68。
⑩ 董珊:《竞孙鬲、壶铭文再考》,复旦大学出土文献与古文字研究中心网站,2012
年 6 月 4 日。
⑪ 杨伯峻:《春秋左传注》(修订本),中华书局,1990 年,页 1392。

• 王僚四年（昭公十九年、公元前 523 年）

《左传》：

楚人城州来。沈尹戌曰："楚人必败。昔吴灭州来，子旗请伐之。王曰：'吾未抚吾民。'今亦如之，而城州来以挑吴，能无败乎？"侍者曰："王施舍不倦，息民五年，可谓抚之矣。"戌曰："吾闻抚民者，节用于内，而树德于外，民乐其性，而无寇仇。今宫室无量，民人日骇，劳罢死转，忘寝与食，非抚之也。"

令尹子瑕言蹶由于楚子，曰："彼何罪？谚所谓'室于怒，市于色'者，楚之谓矣。舍前之忿可也。"乃归蹶由。

五年，楚之亡臣伍子胥来奔，公子光客之。公子光者，王诸樊之子也。常以为吾父兄弟四人，当传至季子。季子即不受国，光父先立。即不传季子，光当立。阴纳贤士，欲以袭王僚。

• 王僚五年（昭公二十年、公元前 522 年）

《左传》：

员如吴，言伐楚之利于州于。公子光曰："是宗为戮，而欲反其仇，不可从也。"员曰："彼将有他志，余姑为之求士，而鄙以待之。"乃见鱄设诸焉，而耕于鄙。

冬十月，公杀华、向之质而攻之。戊辰，华、向奔陈，华登奔吴。

• 王僚六年（昭公二十一年、公元前 521 年）

《左传》：

冬十月，华登以吴师救华氏。……丙寅，齐师、宋师败吴师于鸿口，获其二帅公子苦雉、偃州员。华登帅其余，以败宋师。

清华简《系年》：

第十五章：景平王即位。少师无极谗连尹奢而杀之，其子伍员与伍之鸡逃归吴。

清华简《良臣》：

吴王光有伍之疋（胥）。

清华简《越公其事》：

第二章：昔吾先王阖间所以克入郢邦，唯彼鸡父之远荆，天赐中于吴，右我先王。荆师走，吾先王逐之走，远夫勇残，吾先王用克入于郢。

湖北云梦睡虎地 77 号汉墓简：①

第一组：……杀之矣。其子二人皆出亡。一子五子尚，一子胥。胥老郑而……之者曰："杀其父而不来其子，不乃为大害乎？"楚王乃……□而子二人皆出亡。吾来之，其孰不入乎？五子奢对曰："君问其臣，对……□也夫。尚为人仁且勇，来之，必入矣。夫胥为人也勇且……□使主君边竟有忧矣。"平王乃令人召五子尚。

第二组：……杀之。五子胥介胄执弓矢以见使者，曰："介胄之士……于罪。杀其父而并其子，将何益乎？固以臣父……入者穷也，出者葆也。入而皆死，不智也；死而……矣。"使者报于楚王。楚王智五子胥之必不入矣，于是……□以登泰行之山，而顾胃其舍人曰："去此国。此国者……"行到河上，谓船人曰："渡我。吾先人有良剑，其□之千……"对曰："楚平王令曰有能得五子胥，予之田百万亩与千金田……□

① 湖北省文物考古研究所、云梦县博物馆：《湖北云梦睡虎地 M77 发掘简报》，《江汉考古》2008 年 4 期。

乎? 子食而疾行,促者及。"五子胥有复问船人……楚之贼者,我也;出而不能报楚者,子也。

　　第三组:……□□□走而弗及。□子乎,杀吾良□。遂南走至……□之吴王,曰:有楚之良人,类君子也。徒□……曰其疾求之勿失。市政受令求五子胥。……起曰:昔者楚平王杀臣父而非其罪也,君。

　　第四组:……臣之父仇者乎? 胥□□□以□主君之谤……□曰:"卫士卒诸侯执斧椹以下无敢不听。"五……□令而治国。不出三年,尽得吴国之众,吴因兴……王已死。其后子曰昭公,昭公将率千人以亡。

　　第五组:……□胥。胥勇且智,君必内之。昭公乃令人告五子胥曰:"昔者吾……有智。今子率众而报我亦甚矣。然而寡……丘虚宗庙社稷乎? 吾请与子中分国矣。……□贵为名,名成则昌,必入之矣。"五子胥报于使者……之矣。杀其父而臣子,非是君之臣也;父死焉,子食焉,非……□行次也。

【新证】

　　伍子胥逃离楚国到吴国,并鼓动吴国伐楚的事迹,在云梦睡虎地 77 号西汉墓出土简书里有记载,曹方向重新连缀后认为,情节接近《越绝书》而和《史记》略有不同。①

　　八年,吴使公子光伐楚,败楚师,迎楚故太子建母于居巢以归。因北伐,败陈、蔡之师。九年,公子光伐楚,拔居巢、钟离。初,楚边

---

　　① 熊北生:《云梦睡虎地 77 号西汉墓出土简牍的清理与编联》,《出土文献研究》第 9 辑,中华书局,2010 年;刘乐贤:《睡虎地 77 号汉墓出土的伍子胥故事残简》,《出土文献研究》第 9 辑,中华书局,2010 年;曹方向:《云梦睡虎地 77 号西汉墓"伍子胥故事残简"简序问题刍议》,《江汉考古》2014 年 3 期。

邑卑梁氏之处女与吴边邑之女争桑，二女家怒相灭，两国边邑长闻之，怒而相攻，灭吴之边邑。吴王怒，故遂伐楚，取两都而去。

- 王僚八年（昭公二十三年、公元前 519 年）

《春秋》：

戊辰，吴败顿、胡、沈、蔡、陈、许之师于鸡父。胡子髡、沈子逞灭，获陈夏啮。

《左传》：

吴人伐州来，楚薳越帅师及诸侯之师奔命救州来。吴人御诸钟离。子瑕卒，楚师熸。吴公子光曰："诸侯从于楚者众，而皆小国也，畏楚而不获已，是以来。吾闻之曰：'作事威克其爱，虽小，必济。'胡、沈之君幼而狂，陈大夫啮壮而顽，顿与许、蔡疾楚政。楚令尹死，其师熸。帅贱、多宠，政令不壹。七国同役而不同心，帅贱而不能整，无大威命，楚可败也。若分师先以犯胡、沈与陈，必先奔。三国败，诸侯之师乃摇心矣。诸侯乖乱，楚必大奔。请先者去备薄威，后者敦陈整旅。吴子从之。戊辰晦，战于鸡父。吴子以罪人三千先犯胡、沈与陈，三国争之。吴为三军以系于后，中军从王，光帅右，掩余帅左。吴之罪人或奔或止，三国乱，吴师击之。三国败，获胡、沈之君及陈大夫。舍胡、沈之囚，使奔许与蔡、顿，曰："吾君死矣！"师噪而从之，三国奔，楚师大奔。

书曰"胡子髡、沈子逞灭，获陈夏啮"，君臣之辞也。不言战，楚未陈也。

楚大子建之母在郹，召吴人而启之。冬十月甲申，吴大子诸樊入郹，取楚夫人与其宝器以归。楚司马薳越追之，不及。将死，众曰："请遂伐吴以徼之。"薳越曰："再败君师，死且有罪。亡君夫人，不可以莫之死也。"乃缢于薳澨。

楚囊瓦为令尹，城郢。

• 王僚九年（昭公二十四年、公元前 518 年）

《春秋》：

冬，吴灭巢。

《左传》：

楚子为舟师以略吴疆，沈尹戌曰："此行也，楚必亡邑。不抚民而劳之，吴不动而速之，吴踵楚，而疆埸无备，邑能无亡乎？"

越大夫胥犴劳王于豫章之汭，越公子仓归王乘舟。仓及寿梦帅师从王，王及围阳而还。吴人踵楚，而边人不备，遂灭巢及钟离而还。

清华简《系年》：

第十五章：伍鸡将吴人以围州来，为长壑而洍之，以败楚师，是鸡父之洍。

【新证】

鸡父之战，《吴太伯世家》未载，且《左传》和《系年》记载略异，《左传》以王僚亲帅吴师而战，《系年》则仅言伍鸡。传世文献以为阖闾即位后伍子胥得以重用，据《系年》看，伍氏在王僚时期已承担重要的军事任务。李守奎认为清华简为重新解读"鸡父之战"提供了一个十分重要的支点。第一，我们知道了鸡父得名之由来。据简文可知鸡父是人名，是伍员之弟，《穀梁传》作鸡甫，其攻敌之水阵称为"鸡父之氾"，后来该地称作"鸡父"。第二，《左传》吴人伐州来是鸡父之战的起因。《系年》中鸡父之战就是围州来之战的一部分。第三，《左传》围州来之役不著将帅，鸡父之战则吴王亲帅。《系年》中围州来之战的主帅是伍鸡。鸡父设水阵胜敌，是这场战争的关键。尽管不知此水阵之详，但可以推断应当位在州来与钟离之间淮水沿线，亦即今安徽凤台与凤阳之间。具体地点不能确知，但不外三种可能：第一，在州来附近，以水围攻，犹如战国时期智伯围赵；第二，在州来与钟离途中某地设下水阵机关；第三，在钟离附近。文献里伍子胥的有些事迹可能是伍子鸡早亡后，二人事迹的叠加。①而吴恩培更进一步强调吴越文化交融层累地塑造了"伍子胥"的形象。②刘光通过对各个文献的分析，认为："鸡父之战"的发生地点不应如旧说在河南省固始县，而当在今安徽凤台西北，即古书所谓的"鸡陂"之地。③鸡父之战可能是州来之战或卑梁之战，吴最后夺取了楚之边邑居巢和钟离。鸡父之战，曾宪通认为宋薛尚功《历代钟鼎彝器款识法帖》所著录商钟四其实是吴王僚击败楚及附庸之役后所做，应和鸡父之战有关，可称"吴王钟"。④但曹锦炎却认为这是朱句钟，即越王钟，做于朱句灭郳滕之后，为答谢诸侯之赐而铸。⑤

居巢，位于下蔡和郢都之间，鄂君启节铭文"就繁阳，就高丘，就下蔡，就居郹（巢），就郢"之居郹即居巢，应在今巢湖附近。钟离，金文作童丽，古城在今凤阳县临淮镇。本西周古国，伯州犁奔楚后，楚以钟离邑为其采邑。⑥安徽蚌埠市淮上区小蚌埠镇双墩村春秋墓出土鼎、豆、甗、簠、罍、盉、盘、匜、钮钟、镈钟以及车马兵器，凤阳县板桥镇卞庄春秋墓出土鼎、豆、甗、簠、罍、盉、盘、匜、钮

① 李守奎：《清华简中的伍之鸡与历史上的鸡父之战》，《中国高校社会科学》2017年2期。
② 吴恩培：《吴、越文化融汇的古代例证——伍子胥文化的层累透视》，《苏州职业大学学报》2005年2期。
③ 刘光：《春秋末期吴楚"鸡父之战"考析》，《烟台大学学报》2017年1期。
④ 曾宪通：《吴王钟铭考释——薛氏〈款识〉商钟四新解》，《古文字学论集初编》，香港中文大学，1983年，页355-384。
⑤ 曹锦炎：《朱句钟跋》，载《吴越历史与考古论丛》，文物出版社，2007年，页61-63。
⑥ 张志鹏：《"钟离氏"族姓考》，《考古与文物》2012年2期。

钟、镈钟以及车马兵器，双墩墓的主人为"童丽君柏"，卞庄墓的主人是"童丽公之子季康"，二人为父子关系。根据两墓铜器铭文可复原简单部分世系：敚厥于→（子）柏→（孙）康→（曾孙）□→（玄孙）叡。这个世系和宋襄公弟敚，即伯宗伯州犁世系不能吻合。[①]另外楚玺有童丽京玺，刘信芳以为即钟离亭玺。汉印钟离公孙印，即钟离氏后裔之印。[②]

图五
卑梁公鼎铭文

卑梁，被楚吞并之古国，有春秋中期"卑梁君光之食鼎"传世（图五）。刘信芳认为《包山楚简》121号简内的"邨易"，或读为"卑梁"，但吴良宝认为古书及出土古文字资料中从不见阳、梁二字相通假的情况，故此说可疑，有可能是"泌阳"。[③] 西汉官印有"卑梁国丞"，已是通用字形。

顿，有北顿南顿之说，古城址均已确定，周代顿国初封于今商水县城东边的平店乡一带，后因陈的逼迫而南迁至今项城市西边的南顿镇。[④] 一般认为原仲簠是顿陈关系的相关铜器，铭文里的沦应该就是顿，另外清华简《系年》"文王以北启出方城，及苞于汝，改旅于陈焉取邨（顿）以恐陈侯"，也有顿的记载。[⑤]

胡，有敿叔之孙陈鼎，包山楚简 119 写作"芙"，李学勤认为"芙"即"胡"；《系年》十九章里写作敿，和金文里"敿"相同，即"胡"，就是文献里归姓胡国。敿通胡，西周厉王胡簋里已作敿。地望应

---

① 安徽文物考古研究所：《钟离君柏墓》，文物出版社，2013 年，第十三章。
② 转引自张爱冰：《群舒文化研究》，上海古籍出版社，2018 年，页 297。
③ 吴良宝：《谈战国文字地名考证中的几个问题》，《中国史研究》2011 年 3 期；《铭图》01746。
④ 闫德亮：《顿国历史与地理考论》，《史学月刊》2010 年 10 期。
⑤ 许可：《清华简〈系年〉第五章与楚顿关系新证》，《管子学刊》2015 年 2 期。

在淮河中上游一带,[1]有学者认为约在今阜阳地区。[2]

此段共记载两年的史实,两女争桑这段话是对吴楚之争原因的补充,但不见于《左传》,应是不同的史源,太史公的兼容并包的写作方式于此也可明了。先秦时期,女子采桑是常见的生产活动,在青铜器上多有描绘,特别是成都百花潭嵌错纹铜壶(图六)上的图案。[3]

图六　采桑图

伍子胥之初奔吴,说吴王僚以伐楚之利。公子光曰:"胥之父兄为僇于楚,欲自报其仇耳。未见其利。"于是伍员知光有他志,乃求勇士专诸,见之光。光喜,乃客伍子胥。子胥退而耕于野,以待专诸之事。

张家山汉简《盖庐》:[4]

---

①　徐少华:《包山楚简释地》,载《荆楚历史地理与考古探研》,商务印书馆,2010年,页202。

②　金荣权:《周代胡国历史与地理论考》,《信阳师范学院学报》2011年5期。

③　余明辉:《青铜器上的采桑纹》,《寻根》2018年5期。

④　张家山二四七号汉墓竹简整理小组:《张家山汉墓竹简(二四七号墓)》(释文修订本),文物出版社,2006年,页159－168。

盖庐问申胥曰："凡有天下，何毁何举，何上何下？治民之道，何慎何守？使民之方，何短何长？循天之则，何去何服？行地之德，何范何极？用兵之极，何服？"申胥曰："凡有天下，无道则毁，有道则举；行义则上，废义则下。治民之道，食为大葆，刑罚为末，德政为首。使民之方，安之则昌，危之则亡，利之则富，害之则殃。循天之时，逆之有祸，顺之有福。行地之德，得时则岁年熟，百姓饱食；失时则危其国家，倾其社稷。凡用兵之谋，必得天时，王名可成，妖孽不来，凤鸟下之，无有疾灾，蛮夷宾服，国无盗贼，贤悊则起，暴乱皆伏，此谓顺天之时。黄帝之征天下也，太上用意，其次用色，其次用德，其下用兵革，而天下人民、禽兽皆服。建势四辅，及彼太极，行彼四时，环彼五德。日为地埶，月为天则，以治下民，及破不服。其法曰：天为父，地为母，参辰为纲，列星为纪，维斗为击，转橦更始。苍苍上天，其央安在？洋洋下之，孰知其始？央之所至，孰知其止？天之所夺，孰知其已？祸之所发，孰知其起？福之所至，孰知而喜？东方为左，西方为右，南方为表，北方为里，此谓顺天之道。乱为破亡，治为人长久。"

盖庐曰："何谓天之时？"申胥曰："九野为兵，九州为粮，四时五行，以更相攻。天地为方圜，水火为阴阳，日月为刑德，立为四时，分为五行，顺者王，逆者亡，此天之时也。"

盖庐曰："凡军之举，何处何去？"申胥曰："军之道，冬军军于高者，夏军军于埤者，此其胜也。当陵而军，命曰申固；背陵而军，命曰乘势；前陵而军，命曰范光；右陵而军，命曰大武；左陵而军，命曰清施。背水而军，命曰绝纪；前水而军，命曰增固；右水而军，命曰大项；左水而军，命曰顺行。军恐疏遂，军恐进舍，有前十里，毋后十步。此军之法也。"

盖庐曰："凡战之道，何如而顺，何如而逆，何如而进，何如而却?"申胥曰:"凡战之道,冬战从高者击之,夏战从卑者击之,此其胜也!其时曰:黄麦可以战,白冬可以战,德在土、木在金可以战;昼背日、夜背月可以战,是谓用天之八时。左太岁、右五行可以战;前赤鸟、后背天鼓可以战,左青龙、右白虎可以战,招摇在上、大陈其后可以战,壹左壹右、壹逆再背可以战,是谓顺天之时。鼓于阴以攻其耳,阵于阳以观其耳目,异章惑以非其阵,毋要堤堤之期,毋击堂堂之陈,毋攻逢逢之气,是谓战有七术。太白入月、荧惑入月可以战,日月并食可以战,是谓从天四殃,以战必庆。丙午、丁未可以西向战,壬子、癸亥可以南向战,庚申、辛酉可以东向战,戊辰、己巳可以北向战,是谓日有八胜。彼兴之以金,吾击之以火;彼兴以火,吾击之以水;彼兴以水,吾击之以土;彼兴之以土,吾击之以木;彼兴以木,吾击之以金。此用五行胜也。春击其右,夏击其里,秋击其左,冬击其表,此谓背生击死,此四时胜也。"盖庐曰:"凡攻之道,何如而喜,何如而有咎?"申胥曰:"凡攻之道,德义是守,星辰日月,更胜为右。四时五行,周而更始。大白金也,秋金强,可以攻木;岁星木[也,春木]强,可以攻土;填星土也,六月土强,可以攻水;相星水也,冬水强,可以攻火;荧惑火也,四月火强,可以攻金。此用五行之道也。[秋]生阳也,木死阴也,秋可以攻其左;春生阳也,金死阴也,春可以攻其右;冬生阳也,火死阴也,冬可以攻其表;夏生阳也,水死阴也,夏可以攻其里。此用四时之道也。地橦八日,日橦八日,日臽十二日,皆可以攻,此用日月之道也。"

　　盖庐曰:"攻军回众,何去何就?何如而喜,何如而凶?"申胥曰:"凡攻军回众之道,相其前后,与其进退。慎其尘埃,与其縩气。日望其气,夕望其埃,清以如云者,未可军也。埃气乱孛,浊以高远者,其中有动志,戒以须之,不去且来。有军于外，甚风甚雨，道留于野，粮少卒饥，毋以食马者，攻之。甚寒甚暑，军数进舍，卒有劳苦，道则辽远，粮食绝者，攻之。军少则恐，众则乱，舍于易，毋后援者，攻之。军众则眛，将争以乖者，攻之。军老而不治，将少以疑者，攻之。道远日暮，疾行不舍者，攻之。军急以却，甚雨甚风，众有惧心者，攻之。军少以恐，不□□不动，欲后不敢者，攻之。此十者，攻军之道也。"

　　盖庐曰："凡击敌人，何前何后，何取何予？"申胥曰："凡击敌人，必以其始至，马牛未食，卒毋行次，前垒未固，后人未舍，徒卒饥恐，我则疾嚖(呼)，从而击之，可尽其处。敌人待我以戒，吾待之以怠；彼欲击我，我其不能；彼则数出，有躁气，义有静志，起而击之，可使毋兹。敌人陈以实，吾禺以希；彼有乐志，吾示以悲；彼有胜意，我善待、我伏待之；敌人易我，我乃疾击之。敌人向我以心，吾以肢遇之；彼易胜我，我以诱之，敌人逐北，我伏须之。彼人阵以实，吾遇以希；彼有乐志，吾示以悲；彼有胜意，我善待之，可使毋归。敌人来进，吾与相诱，数出其众，予之小利，合则去北，毋使多至，敌人逐北，必毋行次，彼有胜虑，我还击之，彼必不虞，从而触之，可使毋去。敌人来阵，我勿用却，日且暮，我则不出，彼必去，将有还志，卒有归虑，从而击之，可使毋顾。敌人出虏，毋迎其斥，彼为战气，我戒不斗，卒虏则重，众还不恐，将去不戒，前者已入，后有至意，从而击之，可使必北。我警皮彼怠，何为弗衰！敌人且归，我勿用追，使之半入，后者则摇，众有惧心，我则疾噪，从而击之，可使毋到。两敌相当，我则必定，彼有胜志，我击其后，走者不复□□□就，彼则失材，开而击之，可使甚病。敌人进舍，天气甚暑，多肠辟者，我徇彼病，何为弗胜！此十者，战[之道]也。"

　　盖庐曰："天之生民，无有恒亲，相利则吉，相害则灭。吾欲杀其害民者，若何？"申胥曰："贵而毋义，富而不施者，攻之。

不孝父兄，不敬长傁者，攻之。不慈稺悌，不入伦雉者，攻之。商贩贾市，约价强买不已者，攻之。居里不正直，强而不听□正，出入不请者，攻之。公耳公孙，与耳□门，暴骜不邻者，攻之。为吏不直，枉法式，留难必得者，攻之。不喜田作，出入甚客者，攻之。常以夺人，众以无亲，喜反人者，攻之。此十者，救民道也。"

　　盖庐曰："以德［攻何如］？"［申胥曰］："以德攻者：其毋德者，自置为君，自立为王者，攻之。暴而无亲，贪而不仁者，攻之。赋敛重，强夺人者，攻之。刑政危，使民苛者，攻之。缓令而急征，使务胜者，攻之。外有虎狼之心，内有盗贼之智者，攻之。暴乱毋亲而喜相迬者，攻之。众劳卒罢，虑众患多者，攻之。中空守疏而无亲□□者，攻之。群臣申，三日用暴兵者，攻之。地大而无守备，城众而无合者，攻之。国□室毋度，名其台榭，重其征赋者，攻之。国大而德衰，天旱［而］数饥者，攻之。此十者，救乱之道也。有天下而不治，名曰不能；治而不服，名曰乱则。季春庚辛，夏壬癸，秋甲乙，冬丙丁。"

【新证】

　　张家山汉简《盖庐》共有竹简五十五枚，题写于末简背面。全书共九章，各章皆以盖庐的提问为开头，申胥（伍子胥）的回答为主体。张家山汉简《盖庐》篇实际是阖闾和伍子胥的对话，集中体现了伍子胥的兵阴阳家思想。[①] 曹锦炎认为，这个文本应该定名为《伍子胥》，使我们看到已佚《伍子胥》一书的原貌。[②] 伍子胥在上博简《鬼神之明》、清华简《良臣》里写作五子疋，清华简《系年》十

　　① 张家山汉墓竹简整理小组：《江陵张家山汉简概述》，《文物》1985 年 1 期；连劭名：《张家山汉简〈盖庐〉考述》，《中国历史文物》2005 年 2 期。
　　② 曹锦炎：《论张家山汉简〈盖庐〉》，《东南文化》2002 年 9 期。

五章载"少师无极谗连尹奢而杀之，其子五员与五之鸡而逃归吴"，"五员为吴太宰，是教吴人反楚邦之"。《盖庐》是研究伍子胥军事思想的重要文献，他之所以被阖闾重视，有可能与此书内容有关。

十二年冬，楚平王卒。十三年春，吴欲因楚丧而伐之，使公子盖余、烛庸以兵围楚之六、灊。使季札于晋，以观诸侯之变。楚发兵绝吴兵后，吴兵不得还。于是吴公子光曰："此时不可失也。"告专诸曰："不索何获！我真王嗣，当立，吾欲求之。季子虽至，不吾废也。"专诸曰："王僚可杀也。母老子弱，而两公子将兵攻楚，楚绝其路。方今吴外困于楚，而内空无骨鲠之臣，是无奈我何。"光曰："我身，子之身也。"四月丙子，光伏甲士于窟室，而谒王僚饮。王僚使兵陈于道，自王宫至光之家，门阶户席，皆王僚之亲也，人夹持铍。公子光详为足疾，入于窟室，使专诸置匕首于炙鱼之中以进食。手匕首刺王僚，铍交于匈，遂弑王僚。公子光竟代立为王，是为吴王阖庐。阖庐乃以专诸子为卿。

- 王僚十二年（昭公二十七年、公元前 515 年）

《春秋》：

夏四月，吴弑其君僚。

《左传》：

吴子欲因楚丧而伐之，使公子掩余、公子烛庸帅师围潜，使延州来季子聘于上国，遂聘于晋，以观诸侯。楚薳尹然、工尹麇帅师救潜，左司马沈尹戌帅都君子与王马之属以济师，与吴师遇于穷，令尹子常以舟师及沙汭而还。左尹郤宛、工尹寿帅师至于潜，吴师不能退。

吴公子光曰："此时也，弗可失也。"告鱄设诸曰："上国有言曰：'不索，何获？'我，王嗣也，吾欲求之。事若克，季子虽至，不吾废也。"鱄设诸曰："王可弑也。母老、子弱，是无若我何?"光曰："我，尔身也。"

夏四月，光伏甲于堀室而享王。王使甲坐于道及其门，门、阶、户、席皆王亲也，夹之以铍。羞者献体改服于门外。执羞者坐行而入，执铍者夹承之，及体，以相授也。光伪足疾，入于堀室。鱄设诸真剑于鱼中以进，抽剑刺王，铍交于匈，遂弑王。阖庐以其子为卿。

清华简《系年》:

第十九章:竞平王即世，昭王即位。

【新证】

专诸刺僚之事，《史记》和《左传》昭公二十七年的记录几乎完全一致，除了个别字词略有不同。铍交于胸，杜注以为铍交于专诸之胸，但有一些兵器，如章子国戈自铭为戟，李家浩对此做了研究，他不同意将戟解释为交战之戈，而是认为"交"通"徼"，即巡行之戈。[①] 因此，颇疑这个交于胸的铍，可能也是此类兵器，即王僚的仪仗兵器。铍，《说文》云:剑如刀装为铍，但很少自名，仅有攻吴大叔工吴铍(《铭图》17857)、敮铍(《铭续》1335)二器自称铍。器形多作矛形、剑形等。铍剑的金属部分形制应该基本一致，只是装柄方式不同而已，所以很多剑改铍的实例。[②]

甲士，即着甲武士，目前出土的甲有皮甲、铜甲、石甲，甲片形状有如书札者的札甲，也有如鱼鳞状的，也有环索状的。根据杨泓的研究，汉代以前，札甲常见，因为是埋伏，故应该是皮札甲武士。春秋战国时的皮甲，湖南枣阳九连墩1号墓曾经出土过。根据曾

---

① 李家浩:《章子国戈小考》,《出土文献》2010年第1辑,页161;《铭图》17137。

② 孙燕:《铜铍若干问题探讨》,《江汉考古》2011年2期;李健:《东周时期铜剑改制现象初探》,《文物春秋》2014年3期。

侯乙墓简册内频繁出现"楚甲""吴甲"字样,估计二者区别可能颇为明显。

窟室,也称地室,即今之地下室类建筑,郑韩故城曾发掘出一处春秋时期地下室。该地下室是由地面向下挖一个口大底小的阶梯状长方形坑,然后在四壁内侧分筑夯土四壁,四壁以草拌泥涂抹。在南壁东端修一条台阶通道以供出入,地室的顶部为木构瓦顶。[①] 我们可以通过郑韩故城地下室遗迹来想象王僚被杀现场的窟室形制。

户席,指门和坐席,可见王僚防范之严密。古人席地而坐,为防止竹席翻卷,多用席镇压住四角。席镇多作动物形,有马虎熊等形象,在湖北天门出土过一件越国席镇,自铭"伏约",当是席镇的正式名称。[②]

匕首,匕为食器,类似今之勺。商周已有多件自名器,如微伯匕等,器的首端锋利如刀,后来即称此类兵器为匕首。《史记》和《左传》所记兵器不同,也许短剑亦可称匕首。短剑是春秋时的称呼,匕首是西汉时的叫法。

专诸刺王僚图像见于武梁祠汉画像石,榜题为"专诸炙鱼,刺杀吴王";庆忌为王僚之子,吴王光为了斩草除根,派要离谋杀庆忌。但是庆忌勇猛异常,要离反被庆忌控制,这一历史故事图像见于武梁祠汉画像石,榜题为"王庆忌,要离"。二图基本符合文献的记载。具体描绘和图像志分析,可参考巫鸿《武梁祠》一书。但据《左传》哀公二十年记载,庆忌从楚国返回吴国,欲伐越,为吴人所杀。如果要弥合二者,只有一种可能,即要离刺杀庆忌未果后,庆忌投奔楚国,待到吴越争战时,庆忌从楚国返回吴国。庆忌是秦汉

---

① 黄凤春等:《楚器名物研究》,湖北教育出版社,2012年,页166-167。
② 曹锦炎:《鸟虫书青铜席镇初探》,《古文字研究》2012年29辑;《铭续》1385。

人常用名字,有杨庆忌、王庆忌、田庆忌、夏庆忌等印章传世。

炙鱼即烤鱼,以火烤炙肉食的烹调方法是先秦常见的厨艺,如王子婴次炉、曾侯乙炉、徐王元子炉、铸客炉等即是烤炉。这些虽是楚器,但同居长江流域之水乡泽国,烹调方法应该大同小异。烧烤这种方式在汉代依然是主要的厨艺之一,马王堆汉墓遣策里即有炙这一烹饪方法。① 而济源市莲东电解锌工地 M7 出土了汉釉陶烧烤炉,则形象展示了汉代炙鱼的场景。② 在《包山楚简》签牌里"蔗鸡"之"蔗"即"炙"。③

公子光的身份也甚为复杂,服虔云:夷眛生光而废之。僚者,夷眛之庶弟。一般认为阖闾是诸樊之子,阖闾一再宣称自己是"真王嗣",而在铭文有没有表明身份,这就很难判断谁对谁错。因为春秋时期,王位继承以父子相继为主,但吴国却又采用兄终弟及之制,在寿梦的三个儿子相继去世后,王位继承究竟采取什么方式,我们目前仍不得而知。

据金文资料,我们可以看到在吴王光之前,诸王铭文均有对自己世系的记载,如"寿梦之子""工吴大叔""王子于""某某王之子",唯独吴王光没有对自己世系的描述。如果说吴王光是诸樊之子,而他也声称这样才符合兄终弟及之制的话,那么他应该大肆宣扬才对,为何对自己的身世讳莫如深? 加之,王僚在位十二年,为何出土器物极少? 因此我们怀疑,王僚实际不是王位的合法继承人,他只是借机行事,篡夺了王位而已,并没有合理的继承理由。因此,我们倾向王僚是寿梦庶子,而吴王光可能是余眛之子。

六,即录,国名,传世有录伯簋盖。录国应为西周的异姓诸侯,

---

① 孙机:《汉代物质文化资料图说》,上海古籍出版社,2011 年,页 391 - 393。
② 张凤:《汉代的炙与炙炉》,《四川文物》2001 年 2 月;杨艳军:《从济源地区出土文物看汉代的烧烤文化》,《济源职业技术学院学报》2018 年 3 期。
③ 陈伟:《楚地出土战国简册(十四种)》,武汉大学出版社,2016 年,页 174。

但不见于文献记载，当在今安徽六安县北。有录或簋、录簋、录伯或簋，杨宽认为西周时期的录国，就是春秋时代被楚攻灭的六，原是群舒之一，在今安徽六安。① 春秋晚期有㸓公卻㑒戈（《铭续》1210)，此时六国之六，金文作㸓。

季子至，曰："苟先君无废祀，民人无废主，社稷有奉，乃吾君也。吾敢谁怨乎？哀死事生，以待天命。非我生乱，立者从之，先人之道也。"复命，哭僚墓，复位而待。吴公子烛庸、盖余二人将兵遇围于楚者，闻公子光弑王僚自立，乃以其兵降楚，楚封之于舒。

- 王僚 12 年（昭公二十七年、公元前 515 年）

《左传》：

季子至，曰："苟先君无废祀，民人无废主，社稷有奉，国家无倾，乃吾君也，吾谁敢怨？哀死事生，以待天命。非我生乱，立者从之，先人之道也。"复命哭墓，复位而待。吴公子掩余奔徐，公子烛庸奔钟吾。楚师闻吴乱而还。

【新证】

盖余，即掩余，董珊曾怀疑著名的者减钟之者减是掩余，但又不肯定。陈秉新认为工叔戟的器主工叔是掩余，②工为发语词，叔通余，可备一说。"养"，杜预注："养，即（公子掩余、烛庸）所封之邑。"《春秋大事表》卷六上"陈州府"条："沈丘县东有养城为楚养邑，昭三十八吴公子掩余、烛庸奔楚，楚子大封而定其徙，逆吴公子使居养是也。"据徐少华研究，曾侯乙墓简 119/192 内助路车的"兼

---

① 参见王自兴：《殷周金文所见地名辑释》，郑州大学硕士学位论文，2014 年，页48。

② 陈秉新：《安徽霍山县出土吴工叔戟考》，《东南文化》1990 年 5 期。

君"可能就是鲁昭公三十年"居养"的吴公子之后人,地望和裘锡圭比定的一致,即位于今安徽界首附近之养邑。养即㹑、昶,但具体地望和杨伯峻的意见不一致,徐少华认为应该在𦊶器出土地点伏牛山北麓的桐柏,不在颖河流域的项城顿丘间。刘彬徽认为包山楚简86"讼𦊶陵君人陈",简177"𦊶陵公之人咨由",𦊶陵即养国旧地,地望在亳县与阜阳之间。因此,徐少华提出吴公子所封的养地和养国旧地及𦊶陵可能不在同一地点。当然,这种地名的变迁在春秋时期是很常见的,无论如何吴公子所封的"养地"都不可能深入到桐柏一带,因为封二公子的目的根据《左传》昭公三十年记载,在于"取于城父与胡田以与之(胡田,胡子之地),将以害吴也"。这个地点一定是靠近胡和城父的地方,也是和吴接界的地方。因此,封二公子的养地和出土𦊶器的桐柏地望未必重合。①

舒,也称群舒,和徐、楚文化关系密切。镇江北顶山出土所谓余祭矛,一般认为第一字当释为舒,即舒王之器,甚六鼎、钟等也应是舒器。春秋晚期䣄侯定盨也被考释为舒侯之器,另外战国舒左戈,应是楚占领舒以后的器物。张爱冰著有《群舒文化研究》②一书,可以参阅。

季子哭墓这一情节也颇令人怀疑,因为此时据寿梦离世已经46年之久。季札出生年月不详,上博简《弟子问》"吴人生七□(年)"这句话,有人认为"七□"为"十七"的合文,大意为"作为吴国之人,他十七岁就行让国之礼"。③ 如果当时他可以继承王位,年龄17岁成年左右是合适的,到此时他已是62岁之人,按古人的标准也绝对是个高龄老人了。所以,这个情节,我们也怀疑《左传》

---

① 徐少华:《𦊶国铜器及其历史地理探析》,《考古学报》2008年4期。
② 张爱冰:《群舒文化研究》,上海古籍出版社,2018年;《铭续》0522,《铭图》16560。
③ 王青:《关于季札研究的若干问题再探》,《齐鲁学刊》2014年5期。

之史源来自小说家之流，或此季子另有其人。

王僚十二年，楚平王卒，同年王僚被杀。《史记》特意将楚平王卒没插入《吴世家》，其中含义如仔细推敲，或可明了。平王之死因，《楚世家》也语焉不详，但从平王十年开始，吴楚之间就频频在钟离一带交战，楚落于下风，"楚乃恐而城郢"。吴王僚则因为大军全在前线，吴王光趁机实施谋杀计划。这也许正是太史公警戒后人的一种手法，故太史公在《楚世家》之末曰"势之于人也，可不慎与"。

阖　　闾

王阖庐元年，举伍子胥为行人而与谋国事。楚诛伯州犁，其孙伯嚭亡奔吴，吴以为大夫。

● 阖闾元年(昭公二十八年、公元前 514 年)

清华简《系年》：

第十五章：景平王即世，昭王即位。伍员为吴太宰。

清华简《良臣》：

楚恭(共)王有伯州犁，以为太宰。

【新证】

阖闾，即公子光，光和阖闾为反义，分别为名与字，金文和简牍里有很多写法，但均和阖闾、光相关。吴王光器出土相对较多，据董珊统计有：吴王光鉴、钟、戈、剑、带钩等，也有称吴王光韩、光桓之器，多达 67 件之多①(图一至图四)。蔡侯申器中亦有吴王光之名(图五)。

简文对伍子胥和伯嚭在阖闾初年的职官记载和传世文献不同，《左传》记伯嚭为太宰，《系年》记伍子胥为太宰，到底是前后相继为太宰，还是记载有误，尚无法判断。结合当时的形势，应该是伍子胥先为太宰，伯嚭为大夫，后来伯嚭继为太宰，简文只是统言

---

① 董珊：《吴越题铭研究》，科学出版社，2014 年，第一章之七。

图一
吴王光鉴铭文

图二
庐江吴王光剑铭文

图三
南陵吴王光剑铭文

图四
上博吴王光剑铭文

图五
蔡侯申盘铭文

表一　阖闾名号

出　　处	名　　号
《春秋》定公十四年	光
《左传》昭公二十七年	阖庐
《史记》	光、阖庐
清华简《系年》	盍房
张家山汉简	蓋间
吴王光鉴	光
吴王光戈	光逗
吴王光剑	光躰(韩)
无锡吴王剑	者彶叡虏(?)

之。伍子胥所任之行人一职，据刘光研究，"在春秋时期并非一个专任官职，而是一时奉使。换言之，行人并非职官，而是临时差遣"。[1]

伍子胥辅佐阖闾的另一件大事是"相土作城"，即营建吴都，也叫作阖闾大城、姑苏城。传统认为姑苏城就是现在的苏州市，但随着无锡阖闾城和苏州木渎古城的发现(图六)，这一观点受到了挑战。无锡阖闾城据发掘人说，他们原本认为是越城，可不论。木渎古城位于苏州城西，发现五峰村北城墙和城壕遗迹、新峰村南水门遗迹，以及东、西城墙遗迹等，出土遗物有原始瓷器、陶器等。初步推断北城墙修建于春秋晚期，南水门使用时期为春秋晚期。木渎古城应是一座春秋晚期具有都邑性质的城址。[2] 其形状约成扇

---

[1] 刘光：《清华简〈系年〉所见伍子胥职官考》，《管子学刊》2017年3期。
[2] 苏州古城联合考古队：《江苏苏州市木渎春秋城址》，《考古》2011年7期；苏州古城联合考古队：《苏州木渎古城2011-2014年考古报告》，《考古学报》2016年2期。

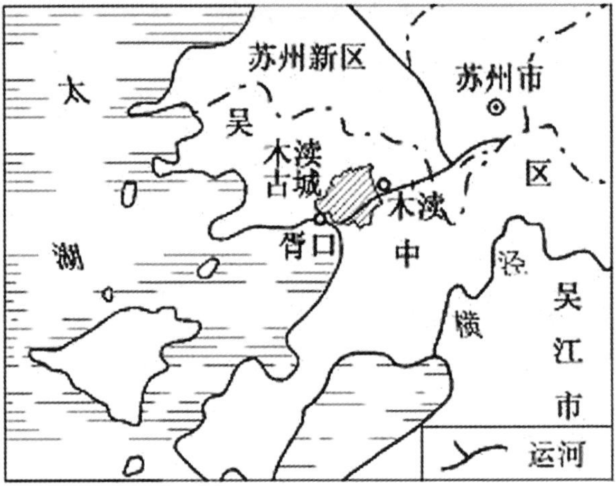

1

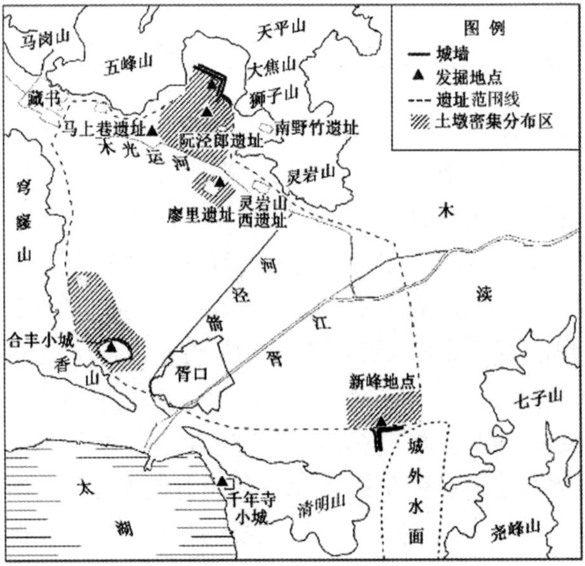

2

图六

1. 木渎古城位置示意图　2. 木渎古城遗址分布图

形,估计面积在 25 平方千米左右。目前木渎古城和苏州城的关系依然没有定论,如何处理木渎古城和苏州古城的关系成了一个急需解决的难题。一部分人认为木渎古城即春秋吴大城,苏州城为秦汉会稽郡城。① 吴恩培又提出由"吴都"(吴大城)—苏州古城、春秋时吴国所建"离宫"—"木渎古城"及拱卫吴都的军事城堡—无锡"阖闾城"、昆山"南武城"等组成,由于目前无法确定三座所谓的

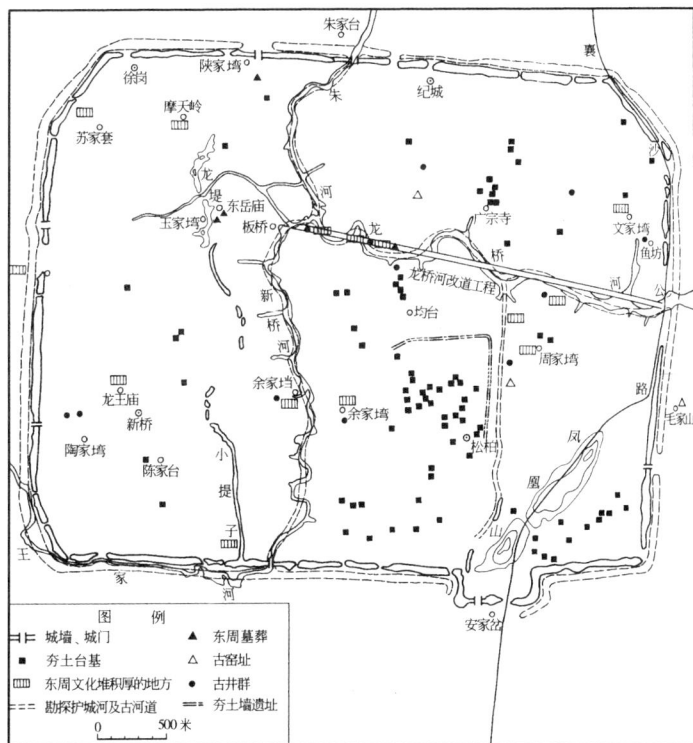

① 钱公麟:《春秋时代吴大城位置新考》,《东南文化》1989 年 Z1 期;钱公麟:《春秋时代吴大城位置再考——灵岩古城与苏州城》,《东南文化》2006 年 5 期。

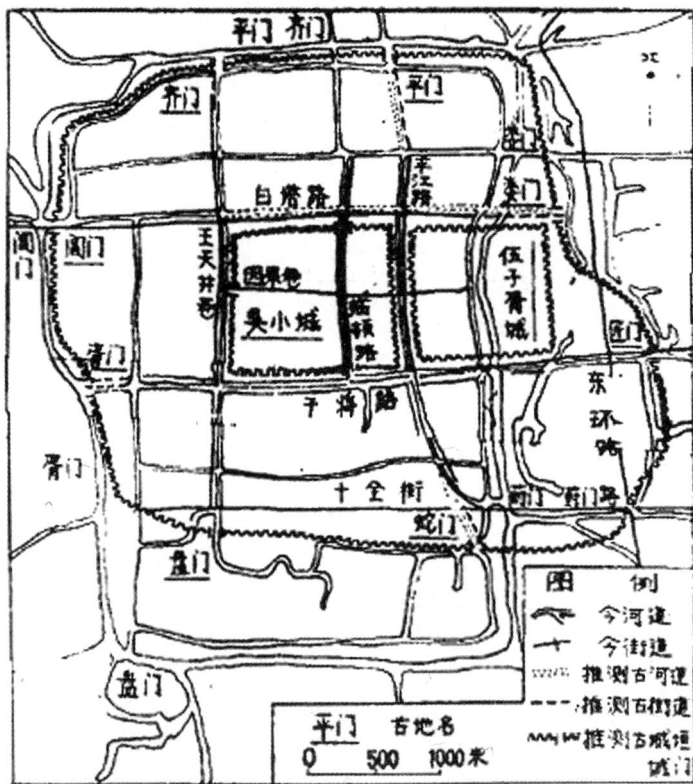

2

图七

1. 楚都纪南城　2. 吴都姑苏城推测图（曲英杰）

吴大城的性质，因此形成了所谓的"三都并峙"的局面①。吴恩培
通过文献典籍和考古发现，坚持认为现在的苏州古城就是伍子胥

_____

　　①　吴恩培：《春秋"吴都""三都并峙"现状与苏州古城历史文化地位的叙述》，《苏州教育学院学报》2016 年 1 期；该文主旨另见《社会科学文摘》2016 年 4 期。

所建吴大城,城墙为春秋时建,战国时修。[①] 曲英杰从伍子胥来自楚国进一步推论,吴都姑苏和楚都纪南城有很大的相似性,这一视角非常值得注意[②](图七)。因为对于都城这种大型的系统工程,若无一定的蓝本,仅凭想象是无法规划设计的。吴恩培是尽量弥合文献与考古发现之间的缺隙,问题是以当时的生产力和吴国的人口规模能营建如此规模的诸多城址吗? 这个问题尚需假以时日,等待新的契机,方可最终解决。

三年,吴王阖庐与子胥、伯嚭将兵伐楚,拔舒,杀吴亡将二公子。光谋欲入郢,将军孙武曰:"民劳,未可,待之。"四年,伐楚,取六与灊。五年,伐越,败之。六年,楚使子常囊瓦伐吴。迎而击之,大败楚军于豫章,取楚之居巢而还。

- 阖闾三年(昭公三十年、公元前 512 年)

《春秋》:

　　冬十有二月,吴灭徐,徐子章羽奔楚。

《左传》:

　　吴子使徐人执掩余,使钟吾人执烛庸,二公子奔楚。楚子大封,而定其徙,使监马尹大心逆吴公子,使居养,莠尹然、左司马沈尹戌城之;取于城父与胡田以与之,将以害吴也。子西谏曰:"吴光新得国,而亲其民,视民如子,辛苦同之,将用之也。若好吴边疆,使柔服焉,犹惧其至。吾又疆其仇,以重怒之,无乃不可乎! 吴,周之胄裔也,而弃在海滨,不与姬通,今

　　① 吴恩培:《文献典籍、考古材料相互关系下的苏州古城样本——兼及苏州城墙及苏州古城春秋时建、战国时修的考古印证》,《苏州教育学院学报》2013 年 1 期。
　　② 曲英杰:《楚、吴、越三都城综论》,《东南文化》1992 年 6 期。

而始大，比于诸华。光又甚文，将自同于先王。不知天将以为虐乎，使翦丧吴国而封大异姓乎，其抑亦将卒以祚吴乎，其终不远矣。我盍姑亿吾鬼神，而宁吾族姓，以待其归，将焉用自播扬焉？"王弗听。

吴子怒。冬十二月，吴子执钟吾子。遂伐徐，防山以水之。己卯，灭徐。徐子章禹断其发，携其夫人以逆吴子。吴子唁而送之，使其迩臣从之，遂奔楚。楚沈尹戌帅师救徐，弗及。遂城夷，使徐子处之。

吴子问于伍员曰："初而言伐楚，余知其可也，而恐其使余往也，又恶人之有余之功也。今余将自有之矣。伐楚何如？"对曰："楚执政众而乖，莫适任患。若为三师以肆焉，一师至，彼必皆出。彼出则归，彼归则出，楚必道敝。亟肆以罢之，多方以误之。既罢而后以三军继之，必大克之。"阖庐从之，楚于是乎始病。

- **阖闾四年（昭公三十一年、公元前 511 年）**

《左传》：

秋，吴人侵楚，伐夷，侵潜、六。楚沈尹戌帅师救潜，吴师还。楚师迁潜于南冈而还。吴师围弦，左司马戌、右司马稽帅师救弦，及豫章，吴师还。始用子胥之谋也。

- **阖闾五年（昭公三十二年、公元前 510 年）**

《春秋》：

夏，吴伐越。

《左传》：

夏，吴伐越，始用师于越也。史墨曰："不及四十年，越其有吴乎！越得岁而吴伐之，必受其凶。"

- **阖闾七年（定公二年、公元前 508 年）**

《春秋》：

　　秋，楚人伐吴。

《左传》：

　　桐叛楚。吴子使舒鸠氏诱楚人，曰："以师临我，我伐桐，为我使之无忌。"

　　秋，楚囊瓦伐吴师于豫章。吴人见舟于豫章，而潜师于巢。冬，十月，吴军楚师于豫章，败之。遂围巢，克之，获楚公子繁。

【新证】

　　此时的楚王为昭王，董珊认为季家湖秦王卑命钟（图八）之秦王应该是楚昭王居于秦溪之上而称秦王。进一步论证，竞之定为昭王兄弟，即子闾，而王子申匜器主即昭王兄弟子西，王子适匜器主即子期。[①] 楚王酓忎盘、匜之器主有人认为昭王，有人认为是平王。李学勤则认为楚王领钟为昭王熊珍之器。[②] 昭王之諆簠、鼎，昭之瘠夫戈均和楚昭王有关。昭王之后即以昭为姓，包山楚简200、203、215/240 内有"祷昭王戠牛"字样。包山楚简里的平夜君是昭王之后。[③] 北京陈氏藏楚王戼戈，戼为人名，应是楚康王招之名，和昭王无涉。[④]

图八　秦王卑命钟铭文

　　① 董珊：《救秦戎器群的解释》，《江汉考古》2012 年 3 期；《铭图》14868、14869、14870。

　　② 李学勤：《文物中的古文明》，商务印书馆，2013 年，页 426－429；《铭图》14402、14869。

　　③ 白显凤：《出土楚文献所见人名研究》第三节"楚王及王族人名用字研究"，吉林大学博士论文，2017 年。

　　④ 柳洋、陈光军：《楚王戼戈小考》，"先秦秦汉史"公众号首发；《铭续》1147。

　　拔舒之战，学者以为即灭徐之战，文献中徐舒区分不严，或以为徐即舒。① 当然张钟云对徐舒一家的观点提出了质疑，认为无论字形还是文化都不一致，但又未能直接下结论。② 但有一点，值得重视，如果承认徐舒不同，那么到目前为止就未发现过一件舒器，这和文献里大量的关于群舒的记载很不成比例。因此，徐旭生、徐中舒等提出的徐舒一家的观点尚不能简单否定。相关综述可参看《群舒文化研究》有关论述。③

　　胡兵认为绍兴坡塘 306 号墓出土徐螯尹譬鼎铭文："唯正月吉日初庚，徐螯尹譬自作汤鼎，温良圣敏，余敢敬盟祀，丩(？)洗沐浴，以病恤辱，寿躬子，眉寿无期，永保用之"里的"恤辱"之辱，即公元前 512 年徐国灭国之事。④ 舒，陈秉新以为九里墩鼓座铭文"逆(迎)□徐人陈□□却蔡"之徐人即舒人。

　　学者一般认为故宫藏徐王之子羽戈的主人即为徐国最后一位国王章羽，但《铭图》释为徐王之子段。沈湘芳认为襄阳出土徐王义楚之元子剑的主人是"羽"，即章羽，⑤但根据拓本，元子后似乎没有人名。孔令远认为邳州九女墩徐国王族墓群大多位于禹王山下，禹王山名称的由来很可能与徐王章禹有关，邳州的梁王城和鹅鸭城分别是徐王糧、徐王章羽的都城。⑥ 徐被吴消灭后，一部分归附楚国，另一部分逃奔越国，所以在楚境之江西高安、安徽蚌埠、湖

---

　　① 李家和、刘诗中：《春秋徐器分期和徐人活动地域试探——从靖安等地出土徐国青铜器谈起》，《江西历史文物》1983 年 1 期；何光岳：《徐族的源流与南迁》，《安徽史学》1984 年 2 期；陈秉新：《徐舒源流初探》，《安徽史学》1986 年 5 期。
　　② 张钟云：《徐与舒关系略论》，《南方文物》2000 年 3 期。
　　③ 张爱冰：《群舒文化研究》第一章第二节，上海古籍出版社，2018 年。
　　④ 胡兵：《从文献与考古资料看徐国历史的变迁》，《湖南省博物馆馆刊》2010 年第七辑；《铭图》17105。
　　⑤ 沈湘芳：《襄阳出土徐王义楚元子剑》，《江汉考古》1982 年 1 期；《铭图》17995。
　　⑥ 孔令远：《徐国的考古发现与研究》，四川大学博士论文，2002 年，页 58、38、41。

北襄阳和越地绍兴都有徐器发现。①

　　孙武,春秋齐人,《史记·孙子吴起列传》载孙子著有兵书十三篇,名《孙子兵法》。但因《孙膑兵法》久佚,传世的《孙子兵法》到底是吴人孙武所作,还是齐人孙膑所作,迷雾重重,众说纷纭。幸赖银雀山汉简②和青海上孙家汉简,③得以知晓《孙膑兵法》的基本内容,也最终证明传世《孙子兵法》为孙武兵法,二者得以区别。《吴孙子兵法》据《汉书·艺文志》载"八十二篇",但《史记》本传"孙子武者,齐人也,以兵法见于吴王阖闾,阖闾曰:子之十三篇,吾尽观之矣",即《孙子兵法》本为十三篇,这在木简中得到明证,如上孙家简(061)"孙子曰:夫十三篇……",银雀山图版24"而用之……得矣。若夫十三篇所……"。李零先生对此用功最深,他认为:《孙膑兵法》与《孙武兵法》是前后相继的一家之学,但不如后者深刻。④《孙武兵法》虽然体现了孙武的军事思想,但成书却可能在战国中期,不可能由他本人完成。孙膑参与整理《孙武兵法》的假设,还是不宜简单否定。孙武和孙膑的世系,李零认为《新唐书·宰相世系表》和邓名世《古今姓氏书辩证》的记载是不可靠的。在上孙家还发现一支"可与赴汤火白刃也"残简,内容和《史记》的内容语气接近。⑤

　　楚国令尹子西,是昭王之兄、惠王之伯父,《清华简·良臣》"楚昭王有令尹子西(有司马子期,叶公子高)"、新蔡简之"子西君"均

　　① 李学勤:《新出青铜器研究》,人民美术出版社,2010 年,页 224 - 225。
　　② 山东省博物馆、临沂文物组:《山东临沂西汉墓发现〈孙子兵法〉和〈孙膑兵法〉等竹简的简报》,《文物》1974 年 2 期;吴九龙:《银雀山汉简兵书的意义及影响》,《滨州学院学报》2005 年 5 期。
　　③ 青海省文物考古工作队:《青海大通县上孙家寨一一五号汉墓》,《文物》1981 年 2 期。
　　④ 李零:《〈孙子〉十三篇综合研究》,中华书局,2006 年,页 13、355、356。
　　⑤ 李学勤:《简帛佚籍与学术史》,江西教育出版社,2001 年,页 11、334 - 339。

是此人。台北故宫藏王子申匜，陈昭容据器形和音韵，断定"王子申"乃为活跃于楚昭王时，于楚惠王八年（公元前 481 年）为白公胜所杀的令尹子西。①

吴楚大战的一个要地是弦，包山楚简 192 有"𦅾人武贵墨"，徐少华以为此𦅾字即古弦国之专用字，其地望应在淮河上游南岸，楚期思县以西，不出今光山仙居镇近东地带。②

九年，吴王阖庐谓伍子胥、孙武曰："始子之言郢未可入，今果如何？"二子对曰："楚将子常贪，而唐、蔡皆怨之。王必欲大伐，必得唐、蔡乃可。"阖庐从之，悉兴师，与唐、蔡西伐楚，至于汉水。楚亦发兵拒吴，夹水陈。吴王阖庐弟夫概欲战，阖庐弗许。夫概曰："王已属臣兵，兵以利为上，尚何待焉？"遂以其部五千人袭冒楚，楚兵大败，走。于是吴王遂纵兵追之。比至郢，五战，楚五败。楚昭王亡出郢，奔郧。郧公弟欲弑昭王，昭王与郧公奔随。而吴兵遂入郢。子胥、伯嚭鞭平王之尸以报父仇。

- 阖闾九年（定公四年、公元前 506 年）

《春秋》：

冬，十有一月，庚午，蔡侯以吴子及楚人战于柏举，楚师败绩。楚囊瓦出奔郑。庚辰，吴入郢。

《左传》：

秋，楚为沈故，围蔡。伍员为吴行人以谋楚。

楚之杀郤宛也，伯氏之族出。伯州犁之孙嚭为吴大宰以谋楚。楚自昭王即位，无岁不有吴师，蔡侯因之，以其子乾与

① 陈昭容：《故宫新收青铜器王子匜》，《中国文字》（新廿五期），艺文印书馆，1999年；《铭图》14868。
② 徐少华：《荆楚历史地理与考古探研》，商务印书馆，2010 年，页 208。

其大夫之子为质于吴。

冬，蔡侯、吴子、唐侯伐楚。舍舟于淮汭，自豫章与楚夹汉。左司马戌谓子常曰：“子沿汉而与之上下，我悉方城外以毁其舟，还塞大隧、直辕、冥阨。子济汉而伐之，我自后击之，必大败之。”既谋而行。武城黑谓子常曰：“吴用木也，我用革也，不可久也，不如速战。”史皇谓子常：“楚人恶子而好司马。若司马毁吴舟于淮，塞城口而入，是独克吴也。子必速战！不然，不免。”乃济汉而陈，自小别至于大别。三战，子常知不可，欲奔。史皇曰：“安求其事，难而逃之，将何所入？子必死之，初罪必尽说。”

十一月，庚午，二师陈于柏举。阖庐之弟夫概王晨请于阖庐曰：“楚瓦不仁，其臣莫有死志。先伐之，其卒必奔。而后大师继之，必克。”弗许。夫概王曰：“所谓‘臣义而行，不待命’者，其此之谓也。今日我死，楚可入也。”以其属五千先击子常之卒。子常之卒奔，楚师乱，吴师大败之。子常奔郑。史皇以其乘广死。吴从楚师及清发，将击之，夫概王曰：“困兽犹斗，况人乎？若知不免，而致死，必败我。若使先济者知免，后者慕之，蔑有斗心矣。半济而后可击也。”从之，又败之。楚人为食，吴人及之，奔。食而从之，败诸雍澨。五战，及郢。

己卯，楚子取其妹季芈畀我以出，涉睢。针尹固与王同舟，王使执燧象以奔吴师。

庚辰，吴入郢，以班处宫。子山处令尹之宫，夫概王欲攻之，惧而去之，夫概王入之。

左司马戌及息而还，败吴师于雍澨，伤。初，司马臣阖庐，故耻为禽焉。谓其臣曰：“谁能免吾首？”吴句卑曰：“臣贱，可乎？”司马曰：“我实失子，可哉！”三战皆伤，曰：“吾不可用也已。”句卑布裳，刭而裹之，藏其身，而以其首免。

楚子涉雎，济江，入于云中。王寝，盗攻之，以戈击王，王孙由于以背受之，中肩。王奔郧。钟建负季芈以从。由于徐苏而从。郧公辛之弟怀将弑王，曰："平王杀吾父，我杀其子，不亦可乎？"辛曰："君讨臣，谁敢仇之？君命，天也。若死天命，将谁仇？《诗》曰'柔亦不茹，刚亦不吐。不侮矜寡，不畏强御'，惟仁者能之。违强陵弱，非勇也；乘人之约，非仁也；灭宗废祀，非孝也；动无令名，非知也。必犯是，余将杀汝。"斗辛与其弟巢以王奔随。吴人从之，谓随人曰："周之子孙在汉川者，楚实尽之。天诱其衷，致罚于楚，而君又窜之，周室何罪？君若顾报周室，施及寡人，以奖天衷，君之惠也。汉阳之田，君实有之。"楚子在公宫之北，吴人在其南。子期似王，逃王，而己为王，曰："以我与之，王必免。"随人卜与之，不吉，乃辞吴曰："以随之辟小，而密迩于楚，楚实存之。世有盟誓，至于今未改。若难而弃之，何以事君？执事之患不惟一人。若鸠楚竟，敢不听命？"吴人乃退。炉金初宦于子期氏，实与随人要言。王使见，辞曰："不敢以约为利。"王割子期之心，以与随人盟。

初，伍员与申包胥友。其亡也，谓申包胥曰："我必复楚国。"申包胥曰："勉之！子能复之，我必能兴之。"及昭王在随，申包胥如秦乞师，曰："吴为封豕、长蛇，以荐食上国，虐始于楚。寡君失守社稷，越在草莽，使下臣告急，曰：夷德无厌，若邻于君，疆场之患也。逮吴之未定，君其取分焉。若楚之遂亡，君之土也。若以君灵抚之，世以事君。"秦伯使辞焉，曰："寡人闻命矣。子姑就馆，将图而告。"对曰："寡君越在草莽，未获所伏，下臣何敢即安？"立，依于庭墙而哭，日夜不绝声，勺饮不入口七日。秦哀公为之赋《无衣》，九顿首而坐。秦师乃出。

清华简《系年》：

第十五章：伍员为吴太宰，是教吴人反楚邦之诸侯，以败楚师于柏举，遂入郢。

第十九章：楚灵王立，既县陈、蔡，景平王即位，改邦陈、蔡之君，使各复其邦。景平王即世，昭王即位，陈、蔡、胡叛楚，与吴人伐楚。

第二十章：晋柬(简)公立五年，与吴王盍(阖)庐伐楚。

上博简《昭王毁室》：

昭王为室于夷渚之浒。

上博简《昭王与龚之脽》：

天加祸于楚邦、霸君吴王身至于郢，楚邦之良臣所暴骨，吾未有以忧其子。

上博简《邦人不称》：

昭王之亡，要王于随，战于溠，战于津，战于长(岸)，曲□，三战而捷，而邦人不称勇焉。

【新证】

吴伐楚，关键在于唐蔡二国。唐蔡原是楚国附庸，叛楚后成为吴的先导和盟军，所以吴军得以迅速进入楚国腹地，一举攻破郢都。

唐，金文作"惕"、"鶍"，姬姓国，定公五年为楚所灭。一说在今湖北省枣阳县东南唐县镇。湖北郧县五峰肖家河村春秋墓曾出土唐仲濒儿盘匜壶三件铜器①(图九、图十)。石泉曾认为唐不在枣宜走廊，而在今唐河境内。② 二地隔着桐柏山，一南一北。这一矛

---

① 郧县博物馆：《湖北郧县肖家河发现春秋唐国青铜器》，《江汉考古》2003 年 1 期；黄旭初、黄凤春：《湖北郧县新出唐国铜器铭文考释》，《江汉考古》2003 年 1 期。

② 石泉：《古代荆楚地理新探》，页 330；赵燕姣等：《"汉阳诸姬"之唐、沈二国考》，《文博》2010 年 6 期。

盾或可以迁移说来弥合。刘信芳认为《包山楚简》里的"汤公"应读为"唐公"，唐为国名，为楚所灭而设县。[1] 最近新披露随夫人壶、鼎等，黄凤春以为第一字应释为国名"唐"，铭文作"唐侯制随夫人壶（鼎）"（图十一）。[2] 显然，唐随的关系非常密切，而众所周知随是楚国的附庸国。但后来唐国和楚反目，成了吴军入郢的先导。

图九　唐仲澺盘铭文　　　　图十　唐仲澺壶铭文

蔡，本是较强的姬姓诸侯国，鲁襄公十一年、楚灵王十年为楚所灭。后二年，平侯复国，蔡侯齐四年，为楚所灭。初都上蔡，今河南省上蔡县西南，平侯迁都新蔡，今河南省新蔡县，昭侯迁州来，谓之下蔡，今安徽省凤台县。蔡楚结怨，由来已久，先是楚灭蔡，楚平王即位，恢复蔡国，蔡昭侯朝楚昭王，因美裘被子常扣留三年，再次结怨，联晋吴共伐楚。蔡昭侯将蔡都迁至更靠近吴国的下蔡

---

[1] 陈伟：《楚地出土战国简册（十四种）》，武汉大学出版社，2016年，页83。
[2] 黄凤春：《谈"唐侯制随夫人"壶的国别、年代及相关问题》，武汉大学简帛网：http://www.newdu.com，2018-07-19。

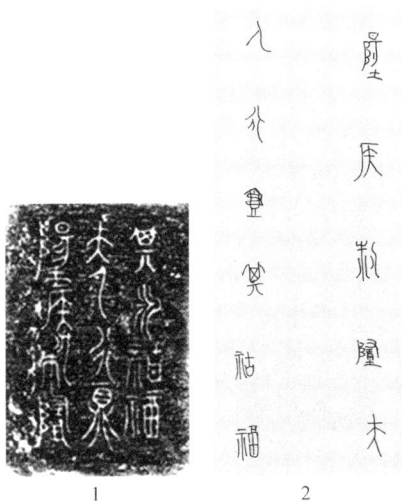

图十一
1. 唐侯制随夫人鼎　2. 唐侯制随夫人壶

州来,后被杀,葬于下蔡,即著名的安徽寿县蔡侯墓。[1] 共发现和报道食器 27、酒器 9、乐器 13、水器 3、兵器 6,另外同墓还出土了吴王光钟残片,是吴国做的媵器。伍子胥为报父兄之仇,极力主张伐楚,而蔡吴又是联姻,于是吴国和蔡国就联合起来,共同讨伐楚国。

蔡原是楚的附庸,蔡侯申钟铭文曰:唯正五月,初吉孟庚,蔡侯申曰:余虽小子,余非敢宁忘,有虔不惕,左右楚王,雀雀豫政,天命是遭,定均庶庆,既聪于心,诞中厥德,君子大夫,建我邦国,豫令抵抵,不想不戒,自作歌钟,元鸣无期,子孙鼓之。"左右楚王",一般解释为辅佐楚王的意思,显然蔡楚关系非常密切。

_____

[1] 李学勤:《东周与秦代文明》第十一章"楚以北列国",页 135,图四十一;安徽省博物馆:《寿县蔡侯墓出土遗物》,科学出版社,1956 年;《铭图》15533、《铭图》14535。

蔡吴联姻，见于蔡侯盘，铭文曰：元年正月初吉辛亥，蔡侯申

图十二
吴王光钟铭文
（入城不虞）局部

虔大命，上下陟否，擽敬不易，肇佐天子，用作大孟姬媵彝盘，禋享是以，祗盟尝商，佑受毋已，斋暇整肃，类文王母，穆穆亹亹，聪宪欣扬，威仪优优，灵颂托商，康谐穆好，敬配吴王，不讳考寿，子孙蕃昌，永保用之，千岁无疆。"敬配吴王"是指蔡将其女子嫁于吴王。同墓所出吴王光钟也和吴蔡联姻有关，①根据董珊的最新研究，铭文里的"入城不虞"（图十二）是指吴入郢这件事，也是制作编钟的时间。铭文大意为，在吴蔡联军打败楚国，入郢之后，吴王光为了巩固吴蔡关系，将妹妹叔姬嫁给蔡昭侯，并嘱咐叔姬"虔敬命勿忘"。②

阖闾即位后，立即和宋、蔡等淮河下游国家结盟，并通过联姻，结成军事同盟。这在宋公栾簠铭文中也有反映。宋公栾簠的主人《史记》里作宋公头曼，铭文"宋公栾作其妹句吴夫人季子媵簠"是吴宋联姻的确证。有学者根据该墓出土的人骨进一步推断可能是王僚或阖闾的夫人。③

郧，本西周诸侯，后为楚所灭，郧公即郧县公，鄂君启节写作芸，亦见于清华简《系年》十六章，写作"芸公仪"，即《左传》成公三年之郧公钟仪。此郧公名辛，应是郧公仪之后。上博简（九）《陈公治兵》简 2 写作邔，包山楚简 22、24、30 与此同。郧国地点一般以为在今湖北省安陆市，徐少华《包山楚简释地》根据石泉的研究将

①　李学勤：《东周与秦代文明》，上海人民出版社，2016 年，页 136－137。
②　董珊：《吴越题铭研究》，科学出版社，2014 年，页 27－28。
③　王恩田：《河南固始"勾吴夫人墓"》，《中原文物》1985 年 2 期。

其地望定在湖北钟祥北境,汉水以东之丰乐镇。①

　　随,汉阳诸姬之一,但出土文物极少,目前所出土的随国青铜器只见两件,分别是随大司马戈和随仲芈加鼎。② 因随国青铜器出土很少,而随国境内又多出曾侯铜器,故李学勤等先生认为随即曾,曾随一家。③ 特别是,曾侯与编钟(图十三)出土后,曾随一家问题进一步明朗化,④其地望不出今湖北随州一带。

　　曾侯与编钟铭文是这一问题的关键,特别是钟铭第二部分:"吴恃有众庶行乱,西征南伐,乃加于楚,荆邦既削,而天命将虞。有严曾侯,业业厥圣,亲博武功,楚命是靖,复定楚王,曾侯之灵。穆[穆]曾侯,壮武畏忌,恭寅斋盟,伐武之表,怀燮四方。余申固楚成,整复曾疆。"(图十三)这一段话显然就是曾国人对吴军入郢,楚王逃跑到曾国被救,后来楚国复国的描述。而传世文献里这个国家是随,所以曾随一家进一步得到确证。随便提及,曾侯与编钟铭文的语气和《昭王与龚之脽》非常接近,可以反映当时楚地对吴军入郢这件事的立场和看法。

　　在出土随大司马戈的同一座墓中还出有一件错金铭文铜戟,铭文为"吴王子光之用"。⑤ (图十四)这件戟出现在曾国墓地里,也是这一段历史的见证之一。黄凤春在吴中区博物馆的讲座中曾进一步指出:"吴王光和曾孙邵就交出楚昭王之事有过谈判,吴王阖闾并将自己还是公子时铸造的心爱之戟赠与了曾孙邵。曾孙邵对此戟倍感珍惜,将其作为珍宝,并在死后葬到了自己的身边。"

　　① 徐少华:《荆楚历史地理与考古探研》,商务印书馆,2010 年,页 214。
　　② 曹锦炎:《"曾"、"随"二国的证据——论新发现的随仲姒加鼎》,《江汉考古》2011 年 4 期;张昌平:《曾随之谜再检视》,《中国国家博物馆馆刊》2015 年 11 期;黄锦前:《随仲芈加鼎补说》,《江汉考古》2012 年 2 期;《铭续》1215。
　　③ 李学勤:《曾随之谜》,《光明日报》1978 年 10 月 4 日。
　　④ 湖北省文物考古研究所、随州市博物馆:《随州文峰塔 M1(曾侯舆墓)、M2 发掘简报》,《江汉考古》2014 年 4 期;李学勤:《秦代与东周文明》第十一章,图四十。
　　⑤ 吴中博物馆编:《穆穆曾侯——曾国出土青铜器精品》,江苏凤凰文艺出版社,2021 年,页 150 - 153。

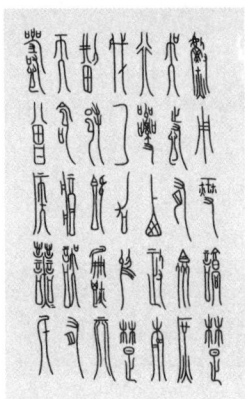

图十三
曾侯與编钟铭文（吴伐楚）局部

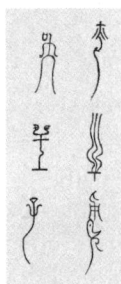

图十四
吴王子光戈

另一件直接反映曾楚关系的青铜器是义地岗曾侯 M4 出土的编钟（图十五），铭文曰：徇骄壮武，左右楚王，弗讨是许，穆穆曾侯……①

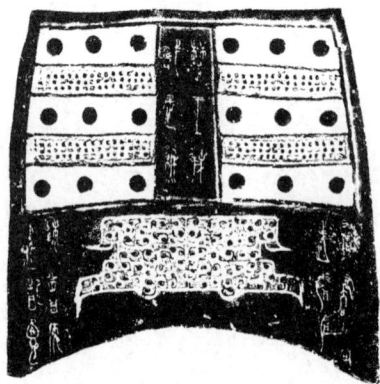

图十五　曾侯钟铭文（左右楚王）

---

① 方勤：《曾国历史与文化——从左右文武到左右楚王》，上海古籍出版社，2018年，特别是第三章第二节；《铭续》1025。

　　吴师入郢的路线，历来众说纷纭，特别是吴楚决战地点柏举的地望是不是今湖北麻城，争议颇大。石泉教授《从春秋吴师入郢之役看古代荆楚地理》①一文多有发明。总而言之，吴师是顺着淮河逆流而上，到蔡境登陆，通过楚国方城隘口，进入南阳盆地，到达唐国，与唐会师，转西南至豫章大陂，由此进至襄樊附近的汉水北岸，在这一带的柏举进行了决战。石泉先生的这一研究，目前看来和文献的吻合度较高，特别是吴师不经长江而沿淮河而上方可和蔡唐联军汇合，否则很难想象在湖北麻城（柏举）决战之后，又在汉江夹岸对峙。只是有的细节尚需继续研讨，但大的方向应该可以确定（图十六）。

　　十年春，越闻吴王之在郢，国空，乃伐吴。吴使别兵击越。楚告急秦，秦遣兵救楚击吴，吴师败。阖庐弟夫概见秦越交败吴，吴

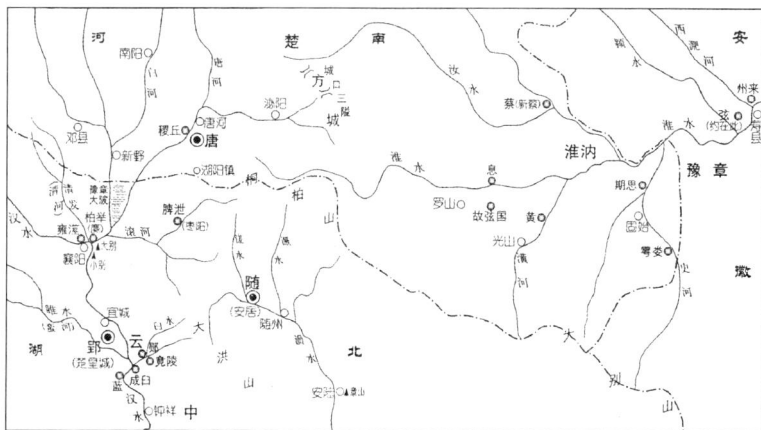

1

----

　　① 石泉：《古代荆楚地理新探》，武汉大学出版社，2014 年，页 363。

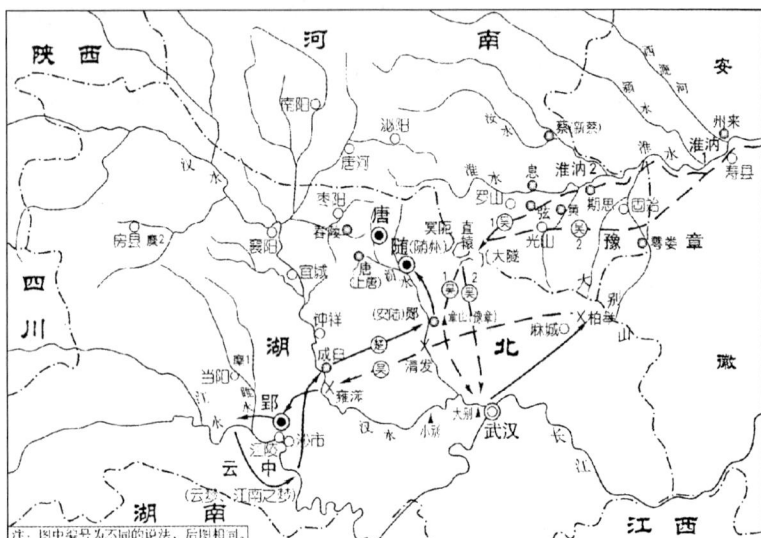

2

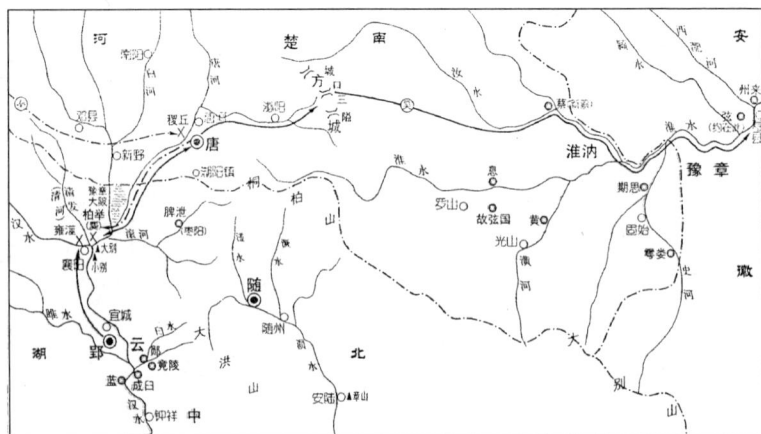

3

图十六

1. 柏举之战前形势图（石泉制图）　2. 吴师入郢图（流行看法）

3. 吴师入郢图（石泉看法）

王留楚不去，夫概亡归吴而自立为吴王。阖庐闻之，乃引兵归，攻
夫概。夫概败奔楚。楚昭王乃得以九月复入郢，而封夫概于堂谿，
为堂谿氏。十一年，吴王使太子夫差伐楚，取番。楚恐而去郢
徙鄀。

- 阖闾十年（定公五年、公元前505年）

《春秋》：

于越入吴。

《左传》：

越入吴，吴在楚也。

申包胥以秦师至。秦子蒲、子虎帅车五百乘以救楚。子
蒲曰："吾未知吴道。"使楚人先与吴人战，而自稷会之，大败夫
概王于沂。吴人获薳射于柏举，其子帅奔徒以从子西，败吴师
于军祥。

秋，七月，子期、子蒲灭唐。

九月，夫概王归，自立也，以与王战，而败，奔楚，为堂谿
氏。吴师败楚师于雍澨。秦师又败吴师。吴师居麇，子期将
焚之，子西曰："父兄亲暴骨焉，不能收，又焚之，不可。"子期
曰："国亡矣，死者若有知也，可以歆旧祀，岂惮焚之？"焚之，而
又战，吴师败。又战于公壻之谿，吴师大败，吴子乃归。囚闉
舆罢。闉舆罢请先，遂逃归。叶公诸梁之弟后臧从其母于吴，
不待而归。叶公终不正视。

（十月）楚子入于郢。

- 阖闾十一年（定公六年、公元前504年）

《左传》：

四月，己丑吴大子终累败楚舟师，获潘子臣、小惟子及大

夫七人。楚国大惕，惧亡。子期又以陵师败于繁扬。令尹子
西喜曰："乃今可为矣。"于是乎迁郢于鄀，而改纪其政，以定
楚国。

清华简《系年》：

第十九章：兢（景）平王即世，昭王即位，陈、蔡、胡叛楚，
与吴人伐楚。秦哀公命子蒲、子虎率师救楚，与楚师会伐唐，
县之。昭王既复邦，焉克胡、围蔡。昭王即世，献惠王立十又
一年，蔡昭侯申，自归于吴，吴缦（泄）庸以师逆蔡昭侯，居于州
来，是下蔡。楚人焉县蔡。

第十五章：昭王归随，与吴人战于析。吴王子晨将起祸
于吴，吴王阖闾乃归，昭王焉复邦。

清华简《楚居》：

至昭王自秦（乾）溪之上徙居媺郢，徙居鄂郢，徙为郢。阖
庐入郢，复徙居秦（乾）溪之上，复徙媺郢。

清华简《楚居》：

若嚣禽义徙居鄀。至堵嚣自福徙鄀郢。

【新证】

《系年》十五章所记之事即为吴入郢之事。夫概，即《系年》里
的王子晨，王子晨在马王堆帛书《缪和》79 上写作王子辰，辰通晨。
董珊认为，最近新发现的王子臣俎、鼎和戈，即为王子晨之器，亦即
夫概之器。《史记》里夫概曰"王已属臣兵"之臣，可能是人名，而非
臣下之义。① 鼎俎同铭，作"王子臣乍（作）齎（肆）彝，用冬（终）"
（图十七），戈铭相对简单，作"王子臣用"。石小力也表示赞同董珊

_____

① 董珊：《简帛文献考释论丛》，上海古籍出版社，2014 年，页 106；《铭图》06321、
《铭续》0124，俎入藏国博，鼎在私人藏家手中。

的意见，但马晓稳在其博士论文里
对王子臣组器进行了分析，认为根
据王子臣鼎的形制看，该鼎是典型
的楚器，所以王子臣应该是楚国王
子。① 马晓稳的意见可从，王子臣
器群应是楚器，和夫概无关。

吴师入郢又被迫撤走，董珊认
为吴王光钟铭文"舍严天之命，入
城不赓"即指进入郢都而未继续占
领之事。②

图十七　王子臣俎铭文

秦师救楚，吴公子夫概撤回吴国自立为王，吴军大规模撤
退，文献记载非常简略。石泉根据他的考释，对此问题做了新的
解读。他认为吴师入郢基本都在南阳盆地、汉水中游及随枣走
廊。所涉及的路线也集中在淮河流域、唐白河流域及汉水中游
两岸。这一说法可能更符合《左传》司马戌和子常的对话：子常
在汉江中率舟师防御，司马戌从方城之内出方城关隘，直插淮
汭，并封闭三关。由此判断，楚军的目的是将吴蔡唐联军包围在
汉水以东，方城以西，三关以南的楚国核心区域。所以柏举的地
望不可能在今麻城一带，因为这里和汉水无关，双方不可能夹汉
而阵。因此，石泉断定柏举的地望在襄樊附近是很有见地的意
见（图十八）。

叶公诸梁，李元芷认为江西省高安县西清泉市出土的沈尹钲之器
主即楚国令尹兼司马叶公沈诸梁所铸，叶公为叶县县公，沈为姓。③

———————

① 马晓稳：《吴越文字资料整理及相关问题研究》，吉林大学博士论文，2017 年，页
483。

② 董珊：《吴越题铭研究》，科学出版社，2014 年，页 2；《铭图》15370。

③ 李元芷：《沈尹钲铭与叶公沈诸梁》，《中原文物》2015 年 3 期。

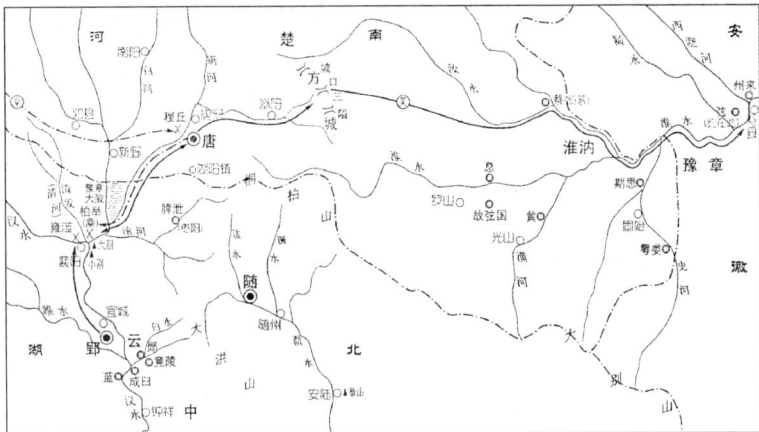

图十八　秦师救援及吴师东归路线(石泉看法)

另有人认为此人可能是吴人或越人。①

与此事相关的另一件青铜器是秦王卑命钟。吴入郢，申包胥入秦求救，秦兵入楚，楚王得以复国。李零将"定救秦戎"之"定"释为定婚之"定"，并读"救"为"求"，是求婚之"求"，认为该器是楚昭王复国返郢后，回忆当年秦哀公卑命楚平王向秦女求婚之事。② 秦王卑命钟的铭文大家还有不同意见，但秦楚联兵征伐戎人，这一事实，没有疑义，因此秦楚之间友好的往来由此可以得证。传世有楚嬴盘匜，铭文作"楚嬴铸其宝盘(匜)"(《铭图》14493、14979)。

申包胥，据赵德祥考证，即季家湖曹家岗 M5 附近出土王孙雹

---

① 顾久幸：《沈县和沈尹——兼论楚县的性质》，载《楚史论丛初集》，湖北人民出版社，1984 年；刘玉堂：《沈氏族属初探》，《江汉考古》1987 年 4 期。

② 李零：《楚景平王与古多字谥——重读"秦王卑命"钟铭文》，《传统文化与现代化》1996 年 6 期。

篦(图十九)的器主,即为申包胥,①但李立芳认为是康王招,②意见尚不统一。申包胥去秦国求救,《战国策》记载他的官职为"楚使新造","新造"即《包山楚简》里的"新佁",楚兵器上的"新造"的写法和楚简一致。③

　　此时的秦王为秦哀公,秦都在今陕西凤翔雍城遗址。黄锡全认为救秦戎钟里的秦王卑就是秦哀公,卑通毕,④但未有统一意见,存疑。

图十九
王孙霝篦

　　秦人"使楚人先与吴人战,而自稷会之"之"稷",亦见于《伍子胥传》"败吴师于稷",可见此地是吴楚大战的一个要地。徐少华认为包山楚简130、164里的"集"地,曾侯乙墓里的"鄩"可能就是"稷",地望在今河南唐河境内。⑤

　　吴伐越之时是越王允常时期,安徽南陵出土吴王光剑铭文作"攻吴王光自作用剑,以戬賊人",倒数第二字过去多释作"勇",但如果联系到当时的形势和辞例,此字恐释为"戬",即"郎"为妥。因为从戈是兵器之钺,从邑为国家之名,可互通。北京博华文盛公司藏越王剑剑首铭文"越王者旨自作用剑,以战吴人",⑥同样,台北古越阁藏吴王光剑剑首铭文"攻吴王光自作用剑,以战越人"⑦(图二十,1),这两柄剑恰恰是吴越争斗的直接见证。目前可以推定为

　　① 湖北省宜昌地区博物馆:《当阳曹家岗5号楚墓》,《考古学报》1988年4期;赵德祥:《篦铭王孙霝与蔡姬考略》,《考古与文物》1993年2期。
　　② 李立芳:《古文字中所见楚史资料辑考》,《楚文化研究论集》(第四集),河南人民出版社,1994年,页523-526。
　　③ 陈伟:《楚地出土战国简册(十四种)》,武汉大学出版社,2016年,页16。
　　④ 黄锡全:《救秦戎钟铭文新释》,《江汉考古》1992年2期。
　　⑤ 徐少华:《荆楚历史地理与考古探研》,商务印书馆,2010年,页263-264。
　　⑥ 董珊:《吴越题铭研究》,科学出版社,2014年,页43。
　　⑦ 董珊:《吴越题铭研究》,科学出版社,2014年,页30;此剑真伪有不同意见,暂时收入。

越王允常器仅有一件，即博华公司所藏越王者旨剑（图二十，2），铭文作"越王者旨自作用剑，以战吴人"。董珊认为，吴越争战只有允常、勾践两代，勾践已有发现，所以越王者旨只可能是允常。朱德熙曾经对者旨和允常的关系做过考论，认为允常之常应该是尝，而尝可能是者旨的误认。①

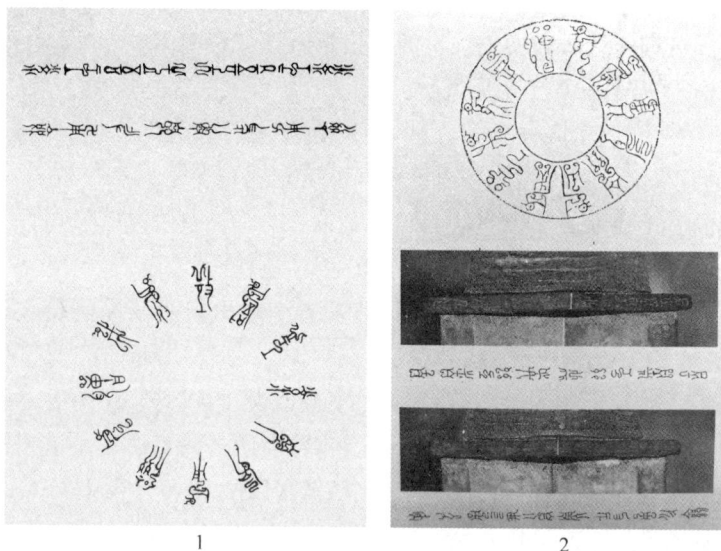

图二十
1. 吴王光剑（以战越人）　2. 越王者旨剑

　　浙江绍兴印山大墓被推定为木客大冢，即越王允常墓（图二十一）。印山大墓是一座有长墓道的甲字形竖穴岩坑木室墓，由隍壕、封土、墓坑、墓道、墓室等部分组成，其中墓坑、墓道均系凿岩而成。墓道为东西向长条形，呈两头宽、中间窄的束腰状，设于墓坑

―――――――――

① 参见董珊：《吴越题铭研究》，科学出版社，2014 年，页 43-44。

东侧正中,与墓坑相连而呈甲字形的平面结构。墓坑凿岩而成,为东西向长方形竖穴,口略大于底,四壁陡直不设台阶。墓坑填土除南壁因塌方而在外敞部分筑以夹石花土外,其余全部填筑结构细密且富黏性的青膏泥,青膏泥下再填筑木炭。墓室为狭长条形"人"字坡的木屋结构,截面呈等腰三角形,用加工平整的巨大枋木构筑而成,其构筑方法如下:先在炭层上平铺两条东西纵向的方形垫木,其上用枋木南北横向铺出墓室的底面;然后在底面的南北两侧用枋木互相斜撑,斜撑木墓室、甬道和墓门的顶部纵向压盖半圆形脊木;最后在前后两端竖立封门木和后墙。斜撑木为三面涂漆(外侧面不涂漆),其余枋木(包括底板、挡坎等)均各面裸漆,保存较好的地方至今仍光亮如镜。木棺东西向顺置于中室,系用一巨型圆木一剖为二,再经掏挖而成。出土时,棺内及棺上均为黄色盗洞填土。棺木内侧腐朽严重,棺盖板因古代盗掘被打破,一部分跌落在棺北侧底面上,留下的大部分因不堪盗土重压而断裂为两块。棺内未发现任何遗物,也未见尸骨痕迹。墓室东端外有一"人"字形甬道。该墓多次被盗,仅在填土封土和墓室中残留少量

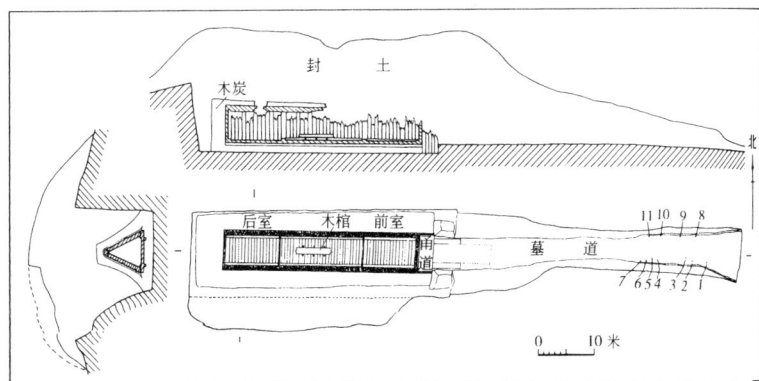

图二十一　绍兴印山大墓

陶器玉器和青铜器。铜铎、玉勾形器、长方形玉饰、玉剑、玉镇带有明显的春秋晚期吴越风格。[1]

番，国名，从目前出土的番国铜器看，番国是一个春秋时期的小国，番应即楚国的潘氏。魏宜辉先生把番国器与西周时期番生器联系起来，认为番国西周时期就已存在，并认为春秋时期的番国地望在今河南省固始县、信阳县、潢川县一带。[2] 出土有番昶伯者君鼎、番昶伯盘匜、番伯鬲、番君召簠 番伯酓匜、番君伯陇盘、番叔口壶、番叔孙盘、番仲匜与戈、番伯官曾、番子成周钟。另外包山楚简 153、154 均有记载，且和"䣜君、菱君、鄾阳"接壤，因此徐少华等人也认为番应在今固始境内。[3]

棠，徐少华以为包山楚简里的"䣄"即为夫概所封之地，先为楚县，后改为封邑以安置吴之亡臣。地望在今河南遂平西北一带。[4] 郑威认为，这个棠和专诸所居之堂邑应该是两个地方，一个是楚地，一个是吴地。夫概所封棠应以石泉考证为准，位于今安徽六安县北。[5]

郚，允姓国，春秋时为楚所灭，成为楚备秦晋的要塞。初都河南省潢川县西南，后迁湖北省宜城县东南。郚分上郚和下郚，徐少华认为下郚在今河南省商密县，上郚可能在今河南省西峡县西十五里的丁河古城与寺湾一带。[6] 但谭其骧历史地图集，将西峡附近的商密标为下郚，郚（楚都，下郚）标在汉江流域宜城

① 浙江省文物考古研究所等：《浙江绍兴印山大墓发掘简报》，《文物》1999 年 11 期；浙江省文物考古研究所等：《印山越王陵》，文物出版社，2002 年；田正标、黎毓馨、彭云、陈元甫：《浙江绍兴印山大墓墓主考证》，《东南文化》2000 年 3 期。

② 魏宜辉：《再谈番国青铜器及相关问题》，《东南文化》1997 年 2 期。

③ 《包山楚墓》附录二五。

④ 徐少华：《荆楚历史地理与考古探研》，商务印书馆，2010 年，页 196。

⑤ 郑威：《出土文献与楚秦汉历史地理研究》，科学出版社，2017 年，页 23。

⑥ 徐少华：《郚国及其历史地理研究》，《江汉考古》1987 年 3 期。

以南。

目前已经报道有都公鼎、都公平侯鼎、都于子簋、上都公孜人簋盖与钟、上都府簋、上都公簋、上都公之孙盆、上都猏妻鼎与壶、上都公盨、下都唐公匜、上都公盨、上都戟。其中都公诚鼎出土于商洛,上都府簋出土于襄阳,上都公簋出土于淅川。

据青铜器出土地点也很难判断孰是孰非。但上都似乎是更常见的地名,都应是较早的地名,如此靠北的商密都反倒可能是金文里的都,而襄阳淅川的上都是后起的地名。楚徙都之都,根据形势来看,位于随州西南的宜城地区,在汉江边上的上都,距离故都郢也不远,是进退自如的理想地点。最近方勤论证当阳季家湖古城即为"自郢迁都"之"都郢"。[①] 楚惧吴而"北徙都",如果楚都江陵在今江陵处,那么都就当在漳水流域寻找,当阳季家湖是个备选地点之一。如果按照石泉的研究,楚都在蛮河流域下游北岸近汉处,[②]那么都就应在汉江流域,宜城是合适的地点。如果考虑到吴楚交战的形势,石泉的观点更有说服力。最近胡刚等人根据清华简和出土铜器再次对都国历史进行了研究,认为"上都与下都实为一都国,代表都国的两个都邑名[③]。结合清华简和《左传》记载,我认为西周早中期的都国即楚昭王所徙之都,在汉水西岸襄州乐乡县东北。西周晚期,都国北迁至商密附近的下都。春秋早期,都国被迁于上都,因夹处于秦、楚之间,最终在春秋中期沦为楚之县邑"(图二十二)。

---

① 方勤:《楚昭王迁郢于都之"都"系当阳季家湖城考证》,《楚文化研究论集》第12集,上海古籍出版社,2017年,页47-54;牛鹏涛:《清华简〈楚居〉与"迁郢于都"考辨》,《深圳大学学报》2013年6期;黄锦前:《从近刊都器申论都国地望及楚灭都的年代》,《中国历史地理论丛》2017年3期。

② 石泉:《楚郢都秦汉至齐梁江陵城故址新探》,《古代荆楚地理新探》,页382-385,图三十。

③ 胡刚:《有"都"铜器与都国历史新论》,《文物》2013年4期。

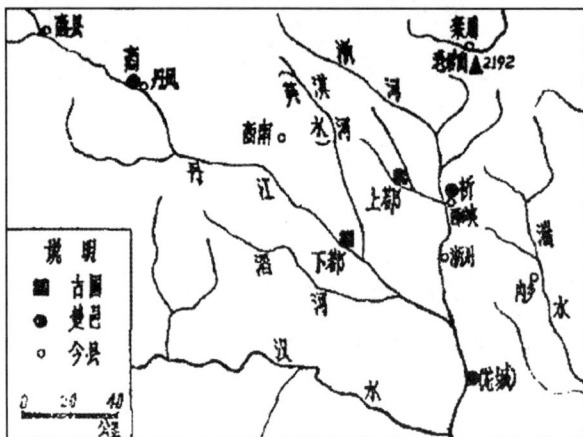

图二十二　郢国示意图（徐少华）

十五年，孔子相鲁。

十九年夏，吴伐越，越王句践迎击之槜李。越使死士挑战，三行造吴师，呼，自刭。吴师观之，越因伐吴，败之姑苏，伤吴王阖庐指，军郤七里。吴王病伤而死。阖庐使立太子夫差，谓曰："尔而忘句践杀汝父乎？"对曰："不敢！"三年，乃报越。

- 阖闾十九年（定公十四年、公元前 496 年）

《春秋》：

五月，于越败吴于槜李。吴子光卒。

《左传》：

吴伐越，越子勾践御之，陈于槜李。句践患吴之整也，使死士再禽焉，不动。使罪人三行，属剑于颈，而辞曰："二君有治，臣奸旗鼓，不敏于君之行前，不敢逃刑，敢归死。"遂自刭也。师属之目，越子因而伐之，大败之。灵姑浮以戈击阖庐，阖庐伤将指,取其一屦。还,卒于陉,去槜李七里。

夫差使人立于庭,苟出入,必谓己曰:"夫差,而忘越王之杀而父乎?"则对曰:"唯。不敢忘!"三年,乃报越。

清华简《系年》:

第二十章:盍(阖)庐即世,夫秦(差)王即位。

【新证】

"十五年,孔子相鲁"一句似和《吴世家》无关,但在《晋世家》《楚世家》《魏世家》均有此记载。可见此事是太史公专门写入的一条,也许是为了提供一个时间锚点。此事见于《左传》定公十年"夏,公会齐侯于祝其,实夹谷。孔丘相……"。旧注以为此处的"相"为"傧相"之义,但根《史记》来看,应是"相邦"之义。孔子的形象最早应属江西西汉宣帝时期的海昏侯墓出土孔子衣镜,[1]此外在鲁、陕、豫、川、苏等地画像石墓里都有其踪迹。[2]

勾践为越王允常之子,和夫差几乎同时继位,简牍写作句戋,金文写作戉潜、戉戋。已发现和勾践相关兵器三件,即越王之子勾践剑二件,越王勾践剑一件[3](图二十三)。

姑苏,即吴国都城,但其含义历来纷争不已。根据最新的青铜剑铭文,程义考证"姑䲹""姑發"即姑苏(图二十四),而这个词汇位于攻吴王之后,王名余眛和诸樊之前,极有可能是类似姓氏

图二十三
越王勾践剑铭文

① 王意乐等:《海昏侯刘贺墓出土孔子衣镜》,《南方文物》2016年3期。
② 何丹:《由汉"孔子画像"观武、昭、宣帝时期〈史记〉之流传》,《民族艺术》2018年4期。
③ 董珊:《吴越题铭研究》,科学出版社,2014年,页44-45。

之类的专有名词。因此，姑苏应该是吴国王室的专称，并进一步指代吴国都城，这和越国姓者旨，都城称诸稽一样。张学锋师也论证，姑苏是类似后代皇帝的驻跸之地一样的专有名词，①将自己居住的核心区域称为姑苏，也就是自己的姓氏。② 但学者们在考释越王差徐戈（图二十五）时，也有人认为铭文里的"居乍金"之"居"因释为"姑"，"居乍"就是"姑苏"。这个解释是很勉强的，"居"还是理解为"居住"之义较好，"乍金"是地名，含义存疑。③

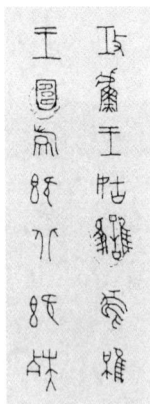

1

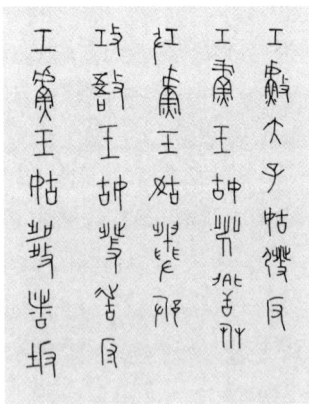

2

图二十四

1. 余眛剑局部（姑䱷）　2. 诸樊五器局部（姑發）

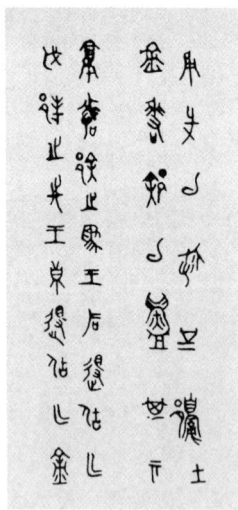

图二十五

越王差徐戈（珍秦斋）

　① 张学锋：《吴国历史的再思考》，《苏州文博论丛》2011 年总第 2 辑。

　② 程义：《姑苏新考》，载《兵与礼——苏州博物馆新入藏吴王余眛剑研讨会论文集》，文物出版社，2015 年。

　③ 孟蓬生：《越王差徐戈铭文补释》，《中国文字研究》第 12 辑，大象出版社，2009年。关于此戈的研究可以参见熊贤品：《〈越王差徐戈〉铭文与越国徙都"姑苏"补论》，《苏州教育学院学报》2014 年 6 期。

夫　差

王夫差元年,以大夫伯嚭为太宰。习战射,常以报越为志。二年,吴王悉精兵以伐越,败之夫椒,报姑苏也。越王句践乃以甲兵五千人栖于会稽,使大夫种因吴太宰嚭而行成,请委国为臣妾。吴王将许之,伍子胥谏曰:"昔有过氏杀斟灌以伐斟寻,灭夏后帝相。帝相之妃后缗方娠,逃于有仍而生少康。少康为有仍牧正。有过又欲杀少康,少康奔有虞。有虞思夏德,于是妻之以二女而邑之于纶,有田一成,有众一旅。后遂收夏众,抚其官职。使人诱之,遂灭有过氏,复禹之绩,祀夏配天,不失旧物。今吴不如有过之强,而句践大于少康。今不因此而灭之,又将宽之,不亦难乎!且句践为人能辛苦,今不灭,后必悔之。"吴王不听,听太宰嚭,卒许越平,与盟而罢兵去。

- 夫差元年(定公十五年、公元前 495 年)

《春秋》:

　二月,辛丑,楚子灭胡,以胡子豹归。

《左传》:

　吴之入楚也,胡子尽俘楚邑之近胡者。楚既定,胡子豹又不事楚,曰:"存亡有命,事楚何为? 多取费焉。"二月,楚灭胡。

- 夫差二年(哀公元年、公元前 494 年)

《春秋》:

楚子、陈侯、随侯、许男围蔡。

《左传》：

元年，春，楚子围蔡，报柏举也。里而栽，广丈，高倍。夫屯昼夜九日，如子西之素。蔡人男女以辨，使疆于江、汝之间而还。蔡于是乎请迁于吴。

吴王夫差败越于夫椒，报槜李也。遂入越。越子以甲楯五千保于会稽，使大夫种因吴大宰嚭以行成。吴子将许之。伍员曰："不可。臣闻之：'树德莫如滋，去疾莫如尽。'昔有过浇杀斟灌以伐斟鄩，灭夏后相。后缗方娠，逃出自窦，归于有仍，生少康焉。为仍牧正，惎浇能戒之。浇使椒求之，逃奔有虞，为之庖正，以除其害。虞思于是妻之以二姚，而邑诸纶，有田一成，有众一旅。能布其德，而兆其谋，以收夏众，抚其官职。使女艾谍浇，使季杼诱豷，遂灭过、戈，复禹之绩。祀夏配天，不失旧物。今吴不如过，而越大于少康，或将丰之，不亦难乎！句践能亲而务施，施不失人，亲不弃劳。与我同壤，而世为仇雠。于是乎克而弗取，将又存之，违天而长寇雠，后虽悔之，不可食已。姬之衰也，日可俟也。介在蛮夷，而长寇雠，以是求伯，必不行矣。"弗听。退而告人曰："越十年生聚，而十年教训，二十年之外，吴其为沼乎！"三月，越及吴平。吴入越，不书，吴不告庆，越不告败也。

秋，八月，吴侵陈，修旧怨也。

吴师在陈，楚大夫皆惧……

• **夫差三年（哀公二年、公元前 493 年）**

《春秋》：

十有一月，蔡迁于州来。蔡杀其大夫公子驷。

《左传》：

吴继庸如蔡纳聘,而稍纳师。师毕入,众知之。蔡侯告大夫,杀公子驷以说。哭而迁墓。冬,蔡迁于州来。

清华简《系年》:

第十九章:献惠王立十又一年,蔡昭侯申惧,自归于吴,泄庸以师逆蔡昭侯,居于州来,是下蔡。楚人焉县蔡。

• 夫差四年(哀公三年、公元前492年)

《春秋》:

蔡人放其大夫公孙猎于吴。

• 夫差五年(哀公四年、公元前491年)

《春秋》:

四年,春,王二月,庚戌,盗杀蔡侯申。

蔡公孙辰出奔吴……夏,蔡杀其大夫公孙姓、公孙霍。

《左传》:

四年,春,蔡昭侯将如吴。诸大夫恐其又迁也,承公孙翩逐而射之,入于家人而卒。以两矢门之,众莫敢进。文之锴后至……翩射之,中肘。锴遂杀之。故逐公孙辰而杀公孙姓、公孙盱。

清华简《越公其事》:

第一章:……赶登于会稽之山,乃使大夫住(种)行成于吴师,曰:寡……不天,上帝降于越邦,不在前后,当孤之世。吾君天王,以身被甲胄,敦力鉧鍸,挟彊秉枹,振鸣……亲辱于寡人之敝邑。寡人不忍君之武砺兵甲之威,播弃宗庙,赶在会稽。寡人有带甲八千,有旬之粮。君如为惠,微天地之福,勿绝越邦之命于天下,亦兹勾践继纂于越邦,孤其率越庶姓。齐郤同心,以臣事吴,男女备服。四方诸侯其或敢不宾于吴邦? 君如曰:余其必灭绝越邦之命于天下,勿兹勾践继纂于越邦矣,君乃陈吴甲……旆旌,王亲鼓之,以观勾践之以此八千人者死也。

第二章：吴王闻越使之柔以刚也，思道路之修险，乃惧，告申胥曰：孤许之成。申胥曰：王其勿许。天不仍赐吴于越邦之利，且彼既大北于平备，以溃去其邦，君臣父子其未相得，今越公其胡又带甲八千以敦刃皆死？吴王曰：大夫其良图此。昔吾先王阖闾所以克入郢邦，唯彼鸡父之远荆，天赐忠于吴，右我先王。荆师走，吾先王逐之走，远夫勇残，吾先王用克入于郢。今我道路修险，天命反侧。岂庸可知自得？吾始践越地以至于今，凡吴之善士将中半死矣。今彼新去其邦而笃，勿乃豕斗，吾胡取八千人以会彼死？申胥乃惧，许诺。

第三章：吴王乃出，亲见使者，曰：君越公不命使人而大夫亲辱，孤敢脱罪于大夫。孤所得罪，无良边人，称尤怨恶，交构吴越，兹吾二邑之父兄子弟，朝夕粲然为豺狼，食于山林草莽。孤疾痛之，以民生之不长而自不终其命。用事徒遗趣听命于……人还越百里……今三年，无克有定。孤用愿见越公，余弃恶周好，以徼求上下吉样。孤用率我一二子弟，以奔告于边。边人为不道，又抗御寡人之辞，不兹达气，被甲缨胄，敦齐兵刀，以捍御寡人。孤用委命重臣，蒙冒兵刃，匍匐就君。余听命于门，君不尝亲有寡人，抑荒弃孤，圮虚宗庙，陟栖于会稽。孤又恐无良仆驭，然火于越邦，孤用入守于宗庙，以须使人。今大夫俨然衔君王之音赐孤以好，曰：余其与吴播弃怨恶于海济江湖。夫妇交接，皆为同生，齐势同力，以御仇雠。孤之愿也。孤敢不许诺恣志于越公？使者返命越王，乃盟，男女服，师乃还。

【新证】

夫差的名字在传世文献和金文里都比较固定，均作夫差或减省为夫，《系年》里作夫秦，这和其他几位吴王，尤其是阖闾的名字构成颇不相同。诸樊和谒、州于和僚、阖闾和光似乎是字和名的关

系，但夫差目前只有这一个称谓，这个问题值得关注。是野是不是
夫差的名号，大家争论不休，我们仍然倾向和寿梦有关。夫差之
器，目前发现有鉴、戈、剑、矛、等，多达 20 余件（图一）。①

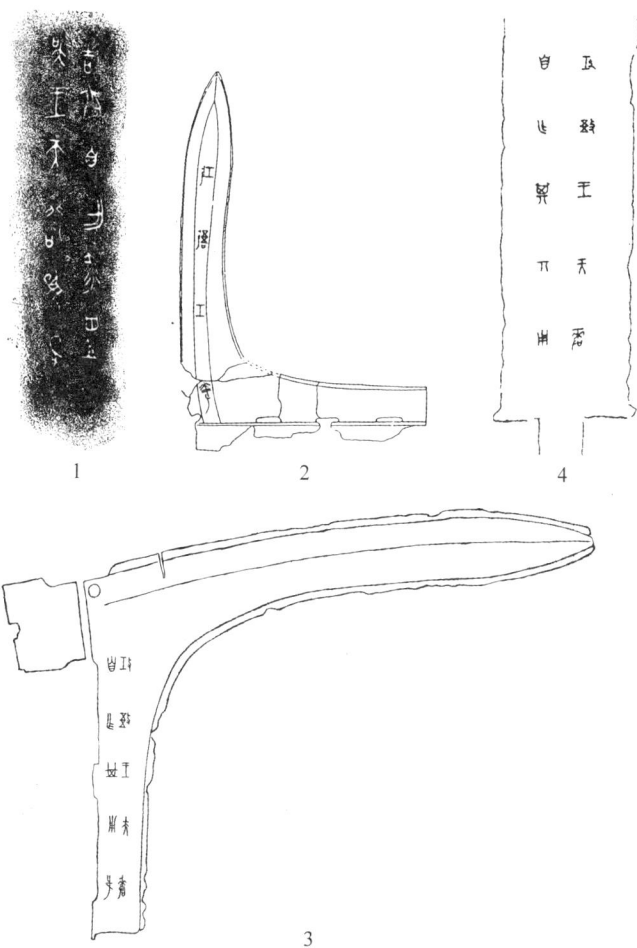

①　董珊：《吴越题铭研究》，科学出版社，2014 年，第一章之八。

图一

1. 夫差鉴(上博)　2. 夫差戟(蔡家岗)　3. 夫差戈(霍山)
4. 夫差剑(洛阳)　5. 夫差矛　6. 夫差盉(上博)

表一　夫差名号

出　　处	名　　号
传世文献	夫差
上博盉、鉴等	夫差
国博鉴	大(夫)差
霍山戈	差
邗王戈	是野(?)
《系年》	夫秦

　　夫差初即位即开始伐越，以报杀父之仇，越替代楚成为吴的主要进攻对象。这时楚趁机消灭了淮河中游的胡，并对吴在淮河流域的最重要的盟国蔡展开进攻，占领了蔡都，蔡昭侯被迫东迁寿县，是为下蔡。从此吴楚之争转入新的阶段，吴在淮河流域开始处

于守势，楚处于攻势。

　　伯嚭在《左传》定公四年（阖闾元年）即为吴太宰，但《系年》载昭王即位之年，以伍员为太宰，此年王僚被杀。而《史记》则载阖闾元年伯嚭奔吴，吴以为大夫。太宰一职位高权重，伯嚭这么一个敌国亡臣，刚刚到吴国即被任命为太宰与情理不合。伍子胥在阖闾谋杀王僚之前即已和公子光有交往，在阖闾即位后得以重用是必然的结果，伯嚭则是夫差的宠臣，由大夫升为太宰。两相比较，应该是阖闾元年以伍子胥为太宰，夫差元年以伯嚭为太宰比较合理。

　　甲兵即穿着铠甲的士兵，先秦铠甲保留下的非常稀少，以楚地发现最为完整，如长沙春秋浏城桥楚墓、江陵楚墓、藤店楚墓、曾侯乙墓都有皮甲出土。传出长沙楚墓的一件彩绘俑（图二），描绘了一个披甲武士，为我们研究甲兵提供了很好的参考资料。①曾侯乙墓出土的竹简里有"真楚甲""真吴甲"等，可见吴楚甲制在当时颇有区别。②

图二
长沙彩绘
俑线图

　　《越公其事》的整理揭开了当年吴越之战的真实面目：吴王夫差没有消灭越国是因为实力不足，并不是《史记》等后世文献所云，夫差昏庸或仁慈所致。伍子胥也没有固执己见，而是在夫差解释"吴之善士将中半死"之后，伍子胥也感到害怕，所以君臣达成一致意见，和越国盟誓而还。③《越公其事》给我们以全新的认识，使夫差刚愎自用的形象得以改观，也使得许

---

　　① 杨泓：《中国古代兵器论丛》"中国古代的甲胄"，中国社会科学出版社，2006年。
　　② 陈伟：《楚地出土战国简册（十四种）》，武汉大学出版社，2016年，页454。
　　③ 李守奎：《〈越公其事〉与句践灭吴的历史事实及故事流传》，《文物》2017年6期。

多历史的细节得以重现和演绎。夫椒之战一般认为发生在太湖流域，夫椒山即今西洞庭山。但是魏嵩山根据《越绝书》记载，认为夫椒在钱塘江南岸，[1]吴伐越时，越曾建城固守，所建之城即为固陵。后来勾践君臣入吴，也在此祖饯后北上。根据考古发现，学者推定固陵的地望：一说是今萧山城厢镇之越王城，一说今萧山西北之西兴（古称西陵）。[2]

越人保守会稽山的人数，传世文献均言五千，而简文言八千，对此学者也有研究。魏栋认为这种歧异的产生，客观上有故事讲述人记忆的局限，进而导致误记、误传的可能，主观上恐怕也有故事讲述人为配合故事的需要，有意夸大勾践当时实际兵力以达到求和目的的可能，仍当以五千为准。[3]

吴王夫差灭越之事，在汉代已经有图像描绘，西汉早期襄阳擂鼓台一号墓出土漆奁已有相关绘画装饰。研究者认为漆奁上以树分隔的七幅图画反映的正是以西施、郑旦为中心的美人计细节。东汉吴王伍子胥铜镜镜背上的图画更进一步将此故事演绎：吴王夫差正中踞坐，伍子胥在一边怒目圆睁欲拔剑击刺，越王范蠡带着二位越女温顺站立（图三）。[4] 在苏州黑松林三国墓地出土的石屏风上疑似有此场景之刻画（图四）。[5]范蠡的事迹传说很多，有关他的思想任继愈根据《越语下》分析出范蠡的思想和道家有某种联系，长沙马王堆帛书《黄帝书》发现后，这一点得到清楚的揭示。[6]

---

① 魏嵩山：《夫椒今地考》，《文史》1985 年第 24 辑。

② 林华东：《越国固陵城再辨》，《浙江学刊》1993 年 3 期；王炜常：《越国固陵城考辨》，《浙江学刊》1992 年 4 期。

③ 魏栋：《清华简〈越公其事〉合文"八千"刍议》，《殷都学刊》2017 年 9 期。

④ 张瀚墨：《襄阳擂鼓台一号墓出土漆奁绘画装饰解读》，《江汉考古》2017 年 6 期；铜镜藏于上海博物馆、南京博物院、苏州东吴博物馆、浙江博物馆等地，图案基本一致。

⑤ 程义：《苏州黑松林出土孙吴石屏风画臆释》，《黄河·黄土·黄种人》2021 年 8 期。

⑥ 参见李学勤：《简帛佚籍与学术史》，江西教育出版社，2001 年，页 307－315。

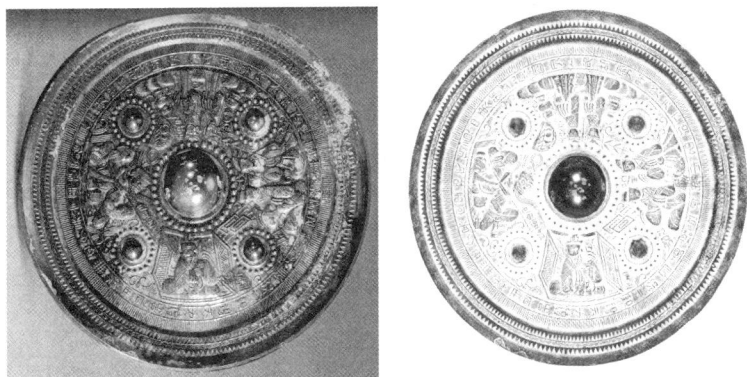

图三　伍子胥镜

图四　黑松林石屏风画

七年，吴王夫差闻齐景公死而大臣争宠，新君弱，乃兴师北伐齐。子胥谏曰："越王句践食不重味，衣不重采，吊死问疾，且欲有所用其众。此人不死，必为吴患。今越在腹心疾，而王不先，而务齐，不亦谬乎！"吴王不听，遂北伐齐，败齐师于艾陵。至缯，召鲁哀公而征百牢。季康子使子贡以周礼说太宰嚭，乃得止。因留略地于齐鲁之南。九年，为驺伐鲁，至与鲁盟乃去。十年，因伐齐而归。十一年，复北伐齐。

• 夫差七年（哀公六年、公元前 489 年）
《春秋》：
吴伐陈。
叔还会吴于柤。
《左传》：
吴伐陈，复修旧怨也。楚子曰："吾先君与陈有盟，不可以不救。"乃救陈，师于城父。
秋，七月，楚子在城父，将救陈，卜战不吉，卜退不吉。曰："然则死也。再败楚师，不如死。弃盟逃仇，亦不如死。死一也，其死仇乎！"命公子申为王，不可；则命公子结，亦不可；则命公子启，五辞而后许。将战，王有疾。庚寅，昭王攻大冥，卒于城父。

• 夫差八年（哀公七年、公元前 488 年）
《春秋》：
夏，公会吴于鄫。
《左传》：
夏，公会吴于鄫。吴来征百牢，子服景伯对曰："先王未之有也。"吴人曰："宋百牢我，鲁不可以后宋。且鲁牢晋大夫过十，吴王百牢，不亦可乎？”景伯曰：“晋范鞅贪而弃礼，以大国惧敝邑，故敝邑十一牢之。君若以礼命于诸侯，则有数矣。若亦弃礼，则有淫者矣。周之王也，制礼，上物不过十二，以为天之大数也。今弃周礼，而曰必百牢，亦唯执事。”吴人弗听。景伯曰：“吴将亡矣，弃天而背本。不与，必弃疾于我。”乃与之。

太宰嚭召季康子，康子使子贡辞。大宰嚭曰：“国君道长，而大夫不出门，此何礼也？”对曰：“岂以为礼？畏大国也。大国不以礼命于诸侯，苟不以礼，岂可量也？寡君既共命焉，其老岂敢弃其国？大伯端委以治周礼，仲雍嗣之，断发文身，裸以为饰，岂礼也哉？有由然也。”反自鄫，以吴为无能为也。

秋，伐邾，及范门，犹闻钟声。大夫谏，不听。茅成子请告于吴，不许……

邾茅夷鸿以束帛乘韦，自请救于吴，曰：“鲁弱晋而远吴，冯恃其众，而背君之盟，辟君之执事，以陵我小国。邾非敢自爱也，惧君威之不立。君威之不立，小国之忧也。若夏盟于鄫衍，秋而背之，成求而不违，四方诸侯，其何以事君？且鲁赋八百乘，君之贰也；邾赋六百乘，君之私也。以私奉贰，惟君图之。”吴子从之。

• 夫差九年（哀公八年、公元前487年）

《春秋》：

吴伐我（鲁）。

《左传》：

吴为邾故，将伐鲁，问于叔孙辄。叔孙辄对曰：“鲁有名而无情，伐之必得志焉。”退而告公山不狃。公山不狃曰：“非礼也。君子违，不适仇国。未臣而有伐之，奔命焉，死之可也。所托也则隐。且夫人之行也，不以所恶废乡。今子以小恶而欲覆宗国，不亦难乎？若使子率，子必辞，王将使我。"子张病之。王问于子洩，对曰："鲁虽无以立，必有与毙。诸侯将救之，未可以得志焉。晋与齐楚辅之，是四仇也。夫鲁，齐晋之唇。唇亡齿寒，君所知也，不救何为？"

三月，吴伐我。子泄率，故道险，从武城。初，武城人或有因于吴竟田焉，拘鄫人之沤菅者，曰："何故使吾水滋？"及吴师至，拘者道之，以伐武城，克之。

吴师克东阳而进，舍于五梧。明日，舍于蚕室。公宾庚、公甲叔子与战于夷，获叔子与析朱鉏。献于王。王曰："此同车，必使能，国未可望也。"明日，舍于庚宗，遂次于泗上。微虎欲宵攻王舍，私属徒七百人，三踊于幕庭。卒三百人，有若与焉，及稷门之内。或谓季孙曰："不足以害吴，而多杀国士，不如已也。"乃止之。吴子闻之，一夕三迁。

吴人行成。将盟，景伯曰："楚人围宋，易子而食，析骸而爨，犹无城下之盟。我未及亏，而有城下之盟，是弃国也。吴轻而远，不能久，将归矣。请少待之。"弗从。景伯负载，造于莱门。乃请释子服何于吴，吴人许之。以王子姑曹当之，而后止。吴人盟而还。

齐侯（悼公）使如吴请师，将以伐我，乃归邾子。邾子又无道，吴子使大宰子余讨之，囚诸楼台，栫之以棘。

• **夫差十年（哀公九年、公元前 486 年）**
《左传》：
九年，春，齐侯使公孟绰辞师于吴。吴子曰："昔岁寡人闻命，今又革之，不知所从，将进受命于君。"
夏，楚人伐陈，陈即吴故也。
秋，吴城邗，沟通江、淮。

冬，吴子使来徵师伐齐。

• 夫差十一年（哀公十年、公元前 485 年）

《春秋》：

（鲁）公会吴伐齐。

冬，楚公子结帅师伐陈。吴救陈。

《左传》：

（春）公会吴子、邾子、郯子伐齐南鄙，师于鄎。齐人弑悼公，赴于师。吴子三日哭于军门之外，徐承帅舟师将自海入齐，齐人败之，吴师乃还。

秋，吴子使来复徵师。

冬，楚子期伐陈。吴延州来季子救陈，谓子期曰：“二君不务德，而力争诸侯，民何罪焉？我请退，以为子名，务德而安民。”乃还。

• 夫差十二年（哀公十一年、公元前 484 年）

《春秋》：

五月，公会吴伐齐。甲戌，齐国书帅师及吴战于艾陵，齐师败绩，获齐国书。

《左传》：

为鄎战故，（鲁）公会吴子伐齐。五月，克博，壬申，至于嬴。中军从王，胥门巢将上军，王子姑曹将下军，展如将右军。齐国书将右军，高无㔻将上军，宗楼将下军。

甲戌，战于艾陵，展如败高子，国子败胥门巢。王卒助之，大败齐师。获国书、公孙夏、闾丘明、陈书、东郭书，革车八百乘，甲首三千，以献于公。

上博简《吴命》：

君之顺之，则君之志也。两君之弗顺，敢不丧道以告，吴请成于楚。昔上天不衷，降祸于我二邑，非疾瘟焉加之，而殄绝我二邑之好。先人有言曰："马将走，或动之，速殃。"州来告曰：……

州来，孤使一介使亲于郊逆，劳其大夫，且请其行。荆为不道，谓余曰：汝周之孽子……

孤居褖褔之中，亦唯君是望。君而或言，若是，此则社褖……

有轩冕之赏，或有斧钺之威。以此前后之，犹不能以牧民，而反至于相恹也，岂不左哉！

敢居我江滨曰：余必亡尔社稷，以广东海之表。天□其中，卑周先王佾……

赛，在波涛之间。舅甥之邦，摄周子孙，唯余一人所礼。宁心抚忧，亦唯吴伯父。晋……

故用使其三臣，毋敢有迟速之期，敢告假日。答曰：三大夫辱命于寡君之业。寡君一人……

来先王之福，天子之灵。孤也何劳力之有焉！孤也敢致先王之福，天子之灵。吴人……

于周。寡君问左右：孰为师徒，践履陈地，以陈邦非它也，先王姑每大姬之邑……故用使其三臣，毋敢有迟速之期，敢告叚日。答曰：三大夫辱命于寡君之业。寡君一人以贤多期。佳三大夫其辱问之，今日唯不既犯矣。自暑日以往，必五六日，皆敝邑之期也。吴走陈。

楚人为不道，不思其先君之臣事先王。废其贎献，不供承王事。我先君阖闾……

【新证】

夫差将越国打败，勾践君臣降服于吴国之后，夫差开始做争霸中原的准备。吴救陈和楚侵陈均是当时战争形势的需要,所谓"大姬之邑"只是借口。因为这时候楚已将淮河中游诸小国收服殆尽,开始向东发展,而吴国此时极力想逐鹿中原。吴进军中原不外两途:其一循洙泗北上齐鲁,然后沿黄河走传统大道向西进入中原;其二循后来的汴河及其支流西北行进入中原。如此一来,齐鲁和陈蔡适在这两条线上。因此这两个地区也成为吴军进攻的主要方向。

武城,春秋战国时期有多个武城,这是鲁国边邑武城,为曾子故里,山东潍县望留公社麓台村出土武城戈应和此地有关,地望在今费县西南。①

齐景公,即杵臼(公元前 547 年-前 490 年),山东胶南县发现的荆公孙敦被考定为景公后裔之器。铭文为:荆公孙铸其善敦,老寿用之,大宝无期。据王恩田研究荆与景通,景为谥称,其年代上限不早于景公卒年,下限不晚于田常弑齐简公之年,即公元前490-前480年间。② 另一件和齐景公有关的铜器是公孙造壶,铭文作:公孙窖(灶)茊事岁,饭者月,公子土斧作子仲姜籩之盘壶,用旗眉寿万年,永保其身,子子孙孙,永保用之。窖即造,通灶,器主即齐景公三年参与消灭庆氏的公孙造。③ 上博简《竞公虐》有"齐竞公逾岁不已",齐公即齐景公。

另一件齐国著名的铜器庚壶,据李家浩考证,此器做于齐景公二年正月,涉及齐崔杼和庚率军围莱等重要事件。④

齐军主将之一国子,即国书,子是尊称,上博简《竞公虐》内有

---

① 张润泽:《赵国武城戈及其地望辨析》,《邯郸学院学报》2018 年 1 期;《铭图》16518。

② 王景东:《山东胶南县发现荆公孙敦》,《考古》1989 年 6 期;《铭图》06070;王恩田:《荆公孙敦的国别与年代》,《文物春秋》1992 年 2 期。

③ 王恩田:《概述山东出土的商周青铜器》,《文物》1972 年 5 期;《铭图》12423。

④ 李家浩:《庚壶铭文及其时代》,《古文字研究》第 19 辑,中华书局,1992 年;《铭图》12453。

"高子、国子"，这个国子是国夏。吴齐艾陵之战，曾俘获齐国书，过去学者以为叶志诜旧藏国书鼎即此人，杨伯峻《春秋左传注》也曾引用。但根据《铭图》02248 拓本，字体、辞例都不合春秋齐器风格，此器的时代应为西周中期，和此战时代不合，器主的释读也以不似国书。著名的国差䂦之器主即齐国佐，此器做于齐顷公十一年（公元前 588 年），①是国子家族较早的器物。另外临淄尧王村出土多件东周国子鼎，但因历史上有多位国子，所以器主尚无法判定。②

艾陵，谭其骧历史地图集标在莱芜沂源以北山地。新泰周家庄曾经出土了大量吴国兵器，特别是出土有一柄诸樊之子通剑，发掘者据此推测艾陵古战场在今新泰周家庄一带。马培林等进一步指出该剑与其他吴越兵器是艾陵之战中齐军的战利品，器主是王子姑曹。③ 但任相宏根据文献的记载，认为艾陵之战是一场车战，且吴国取得了绝对胜利，不可能留下如此多的兵器。他认为周家庄东周墓地出土的兵器明显可分为两类，除部分典型的吴越兵器如吴王诸樊之子通剑，其剑格镶嵌宝石和剑首具有同心圆之外，还有一部分并非典型。这部分兵器的数量较大，占铜兵器总数的半数以上。这种现象表明，这里的吴越兵器大部分是在当地制作的，采用的是吴越兵器的制作技术，并非都是直接来自吴越本地。如果是这样，想必伍子胥之子王孙氏奔齐不仅带来了少量的吴国本土兵器，还带来了吴越兵器的制作技术，或是带来了吴国的部分兵器工匠，或是吴被越灭之后吴国兵器工匠及部分吴国遗民投奔伍子胥之子王孙氏，来到了齐国鲍氏之采邑。吴王诸樊之子通剑，可

---

① 王辉：《商周金文》，文物出版社，2006 年，页 285－286。

② 王恩田：《临淄国子墓和郎家墓的年代与墓主问题》，《考古与文物》1985 年 6 期。

③ 刘延常：《山东新泰周家庄东周墓葬出土大量吴国兵器》，《中国文物报》2003 年 11 月 5 日；马培林、穆红梅：《周家庄东周墓出土吴越兵器与艾陵之战》，《孙子研究》2005 年 1 期。

能就是在这一背景之下被带到了新泰。①

　　慈利楚简中也有残简涉及艾陵之战,艾写作"𩵋",惜未发表全文和图版,仅在张春龙论文里提及。②

　　夫差伐陈在闵公十年。陈国器有多件存世,时代从西周到春秋晚期皆有,绍兴古越阁藏陈侯戈为春秋晚期,时代当和闵侯接近。③

　　刘光认为上博简《吴命》从内容上来看,由两个前后相继发生的事件组成,以"吴走陈"为标志。"吴走陈"之前的简文内容涉及吴、楚两国的交涉。从简文来看,大意如下:楚国侵陈,吴国派出使臣三人与楚国交涉求成。吴国使者指出:吴国之所以派兵助陈,是因为陈国是"周武王女儿大姬之邑",与吴国关系紧密。最终,经过交涉,吴、楚达成一致,吴国离开陈国。"吴走陈"之后的简文内容涉及吴国向周天子告其"救陈"之功。吴国首先陈述了楚国"不共承王事",所以吴国先君阖庐才多次与楚战于州来。其后,周天子表达对吴国"夹辅王室"功绩的感激。吴王则对天子的表彰进行响应("孤也何劳力之有焉")。④

　　缯,据董珊的研究,⑤有三个缯:第一支,即在山东之鄫,《史记·周本纪》《正义》引《括地志》说"缯县在沂州承县",今地在山东枣庄东。《春秋》僖公十九年、襄公五年经传或写作"鄫"。1981年山东临朐县嵩山泉头村墓葬出土春秋早期上曾太子般殷鼎(M乙.1,《集成》02750),自称"上曾"。1998年,山东省滕州前掌大村商周墓地出土商晚期的曾妇中巳(姒)觚(M127.1),似证明早

---

　　①　任相宏等:《吴王诸樊之子通剑及相关问题探讨》,《中国历史文物》2004年5期。

　　②　张春龙:《慈利简概述》,载艾兰、邢文编著:《新出简帛研究》,文物出版社,2004年,页8。

　　③　陈国青铜器和历史的研究可参见徐少华:《陈国铜器及其历史地理与文化综论》,《江汉考古》1995年2期;《铭续》1198。

　　④　刘光:《出土文献与吴越史专题研究》,清华大学博士论文,2018年,页123。

　　⑤　董珊:《从出土文献谈曾分为三》,《出土文献与古文字研究》2013年第五辑。

期的曾就在山东境内。这个曾国，可依《左传》的用字习惯记"鄫"。《左传》鲁襄公六年(公元前 567 年)记载莒灭鄫。另外一支即湖北之曾，最近出土文物颇多；第三支和西申、犬戎等势力共同攻灭幽王的缯。吴所至之缯即山东之缯。谭图标在枣庄以东，似乎和艾陵到鲁国的路线不太符合。

驺，即邹，即金文里的邾，鲁哀公时改为邹。据王献唐考证，邾在春秋时期分为邾、小邾和滥三国，三者"同出一系，土地政权，各不相谋。"① 传世邾国乐器邾公牼钟、邾公华钟分别为邾宣公、邾悼公所作器。根据金文资料和文献记载，位于邹城的为邾国，而枣庄市山亭区东江村发现一座墓地属于小邾国。在邹城峄山南麓的邾国故城发现了三件带"邾"字陶文的陶器，则证明此地就是邾国都城所在地。藤县小邾国，则由于盗掘而被发现，出土了大量带有邾或倪的青铜器，而得以证实。② 滥国目前尚无法判定方位。

图五　敔巢钟

此时当鲁哀公在位时期。春秋晚期鲁国铜器目前尚未发现，相关研究可参见毕经纬论文。③ 齐为悼公时期，但目前发现齐器多为春秋中期以前之器，晚期少见。

哀公十一年夫差伐齐，胥门巢将上军，王子姑曹将下军，展如将右军。胥门巢，董珊以为即敔巢钟(图五)之器主。铭文曰：唯

① 王献唐：《春秋邾分三国考·三邾疆邑图考》，齐鲁书社，1982 年。
② 枣庄市博物馆：《小邾国遗珍》，中国文史出版社，2006 年。
③ 毕经纬：《鲁国铜礼器的初步整理与研究》，《考古与文物》2018 年 1 期。

王正月初吉庚午,叙巢曰:"余攻王之玄孙,余敓子择厥吉金,自作龢钟,以享以孝于我皇祖,至于子孙,永宝是娱。"董珊认为叙和胥的对应有两种可能:叙胥对应,或叙是虚词。[1]

吴军主力部队以舟师为主,因此吴王夫差为了伐齐,开挖了邗沟,以勾通江淮。邗沟的走向大致为南北向,南起广陵邗城,经过一系列天然湖泊河流及人工河,到达今淮安入淮,再由淮入泗。历史地理学者朱偰、[2]史念海[3]和潘镛[4]复原出了古邗沟的基本走向和所经河湖(图六)。但通过泗水并不能到达齐国,因此又在商鲁间开凿了黄沟,沟通济水和泗水。黄沟从今定陶县东北的古菏泽引水东流,至今鱼台县东北注入泗水。后来夫差参加黄池之会也走的是这条路线。

> 越王句践率其众以朝吴,厚献遗之,吴王喜。唯子胥惧,曰:"是弃吴也。"谏曰:"越在腹心,今得志于齐,犹石田,无所用。且盘庚之诰有颠越勿遗,商之以兴。"吴王不听,使子胥于齐,子胥属其子于齐鲍氏,还报吴王。吴王闻之,大怒,赐子胥属镂之剑以死。将死,曰:"树吾墓上以梓,令可为器。抉吾眼置之吴东门,以观越之灭吴也。"

- 夫差十二年(哀公十一年、公元前 484 年)
《左传》:

> 吴将伐齐,越子率其众以朝焉,王及列士皆有馈赂。吴人皆喜,唯子胥惧,曰:"是豢吴也夫!"谏曰:"越在,我心腹之疾

[1] 董珊:《吴越题铭研究》,科学出版社,2014 年,页 80;《铭图》15783。
[2] 朱偰:《中国运河史料选辑》,中华书局,1962 年,地图一。
[3] 史念海:《中国的运河》,陕西人民出版社,1988 年,页 25、30。
[4] 潘镛:《吴霸中原与邗黄运河》,《曲靖师专学报》1986 年 1 期。

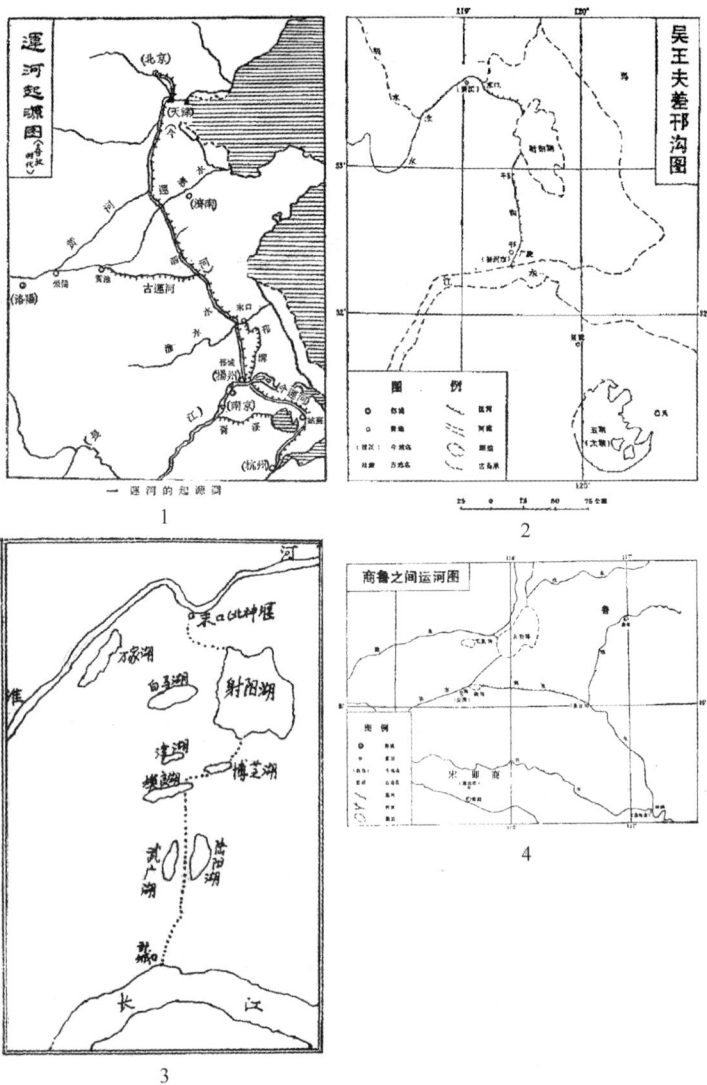

图六

1. 邗沟与黄沟（朱偰）　2. 邗沟（史念海）　3. 邗沟（潘镛）　4. 黄沟（史念海）

也。壤地同，而有欲于我。夫其柔服，求济其欲也，不如早从事焉。得志于齐，犹获石田也，无所用之。越不为沼，吴其泯矣。使医除疾，而曰必遗类焉者，未之有也。《盘庚》之诰曰：'其有颠越不共，则劓殄无遗育，无俾易种于兹邑。'是商所以兴也。今君易之，将以求大，不亦难乎！"弗听。使于齐，属其子于鲍氏，为王孙氏。反役，王闻之，使赐之属镂以死。将死，曰："树吾墓槚，槚可材也，吴其亡乎！三年，其始弱矣。盈必毁，天之道也。"

清华简《越公其事》：

第四章：吴人既袭越邦，越王句践将恁复吴。既建宗庙，修崇位，乃大荐攻，以祈民之宁。王作安邦，乃因祠袭常。王乃不咎不惎，不戮不罚。蔑弃怨罪，不称民恶。纵轻游民，不称贷役、坳涂、沟塘之功。王并无好修于民，三江之渚兹民暇自相，农功得时，邦乃暇安，民乃蕃滋。至于三年，越王句践焉始作纪五政之律。

第五章：王思邦游民三年，乃作五政。五政之初，王好农功，王亲自耕，又有私畦。王亲涉沟畛坳涂，日靖农事，以劝勉农夫。越庶民百姓乃称悷愲悚惧，曰："王其有劳疾？"王闻之，乃以熟食鲐醢脯膴多从，其见农夫老弱勤历者，王必饮食之；其见农夫稽顶足见，颜色顺比而将耕者，王亦饮食之；其见有察、有司及王左右先诰王训而将耕者，必与之坐食……凡王左右、人臣，乃莫不耕，人有私畦。举越庶民，乃夫妇皆耕、至于边县，小人远迩，亦夫妇皆耕……得于越邦，陵陆陵稼。水则为稻，乃无有闲草，越邦乃大多食。

【新证】

据《越公其事》第二章，伍子胥不许吴越和解，但经过夫差分析利弊后，伍子胥就接受了这一现实。这是我们过去根本不知道的内容。越经过休养生息，招徕民人，逐渐强大，开始反攻吴国。第三、四、五章即是此过程的记载。

　　1987 年湖南省慈利县城关石板村 36 号战国墓出土的慈利楚简甲 6"谋越下勾践乃命者"，张春龙以为"者"就是诸稽郢，他是越王派往吴国的使者。① 著名的者汈钟，饶宗颐以为器主即柘稽，诸稽，即诸稽郢。②

　　鲍氏为齐之大族，金文写作鼙，春秋中晚期鮛镈（原称齐侯镈）记载了鮛的祖先鲍叔有功于齐，齐侯赐予封邑和人口。另有鲍子鼎，鲍氏钟，也是鲍氏家族之器。但这些器物的时代都要早于吴伐齐鲁的时代。尤其是鲍子鼎和镈的时代和器主，吴镇烽等认为是齐景公到悼公时期的鲍牧，③但冯峰做了深入的辨析，认为可能要提前到春秋中期晚段，器主是鲍庄子或文子。④ 无论如何，伍子胥所托不出鲍氏诸器主之相关范围。最近孙刚依据前贤研究，又对齐国鲍氏世次做了整理，可参见。⑤

　　属镂之剑，历来诸家解说不一：有以为是独鹿的异写，并进一步解释独鹿即鸱夷，即革囊；也有人以为属镂为剑名，义为驽钝，反义使用，即锋利之义。⑥ 但文献里另有扁诸之剑的记载，我以为扁诸即蒿筑、扁竹之异写，本是一种植物，其叶类剑形，有束腰。伍子胥被逼杀后，装入革囊，抛进江水，慈利楚简 135 – 136"盛诸鸱夷，

----

　　① 张春龙：《慈利简概述》，《新出简帛研究》，文物出版社，2004 年，页 8。
　　② 参见董珊：《吴越题铭研究》，科学出版社，2014 年，页 89。
　　③ 吴镇烽：《鲍子鼎铭文考释》，《中国历史文物》2009 年 2 期；张俊成：《鲍子鼎铭文补释及年代问题》，《华夏考古》2017 年 2 期。
　　④ 冯峰：《鲍子鼎与鲍子镈》，《中国国家博物馆馆刊》2014 年 7 期；《铭图》15828、02404、15416。
　　⑤ 孙刚：《东周齐系题铭研究》，上海古籍出版社，2019 年，页 101－104。
　　⑥ 霍玉生：《〈荀子·成相篇〉独鹿新解》，《古汉语研究》2014 年 4 期；范崇峰：《也说"银铛"、"独鹿"》，《洛阳师范学院学报》2003 年 6 期。

而抛诸江"即此事。①

　　齐鲍氏弑齐悼公。吴王闻之，哭于军门外三日，乃从海上攻齐。齐人败吴，吴王乃引兵归。

【新证】

此事见《左传》哀公十年（前485年）："公会吴子、邾子、郯子伐齐南鄙，师于郎。齐人弑悼公，赴于师。吴子三日哭于军门之外。徐承帅舟师，将自海入齐，齐人败之，吴师乃还。"《史记》此处位置有调整，伍子胥被杀在哀公十一年，吴海路伐齐在哀公十年春，为了文意连贯，太史公将有关越魅惑吴及伍子胥的反映和结果一并整合。

　　陈喜壶一般认为做于齐悼公时期。陈喜壶铭文：陈喜再浥事岁，龥月己酉，为佐大族，以持民选，宗词客敬为裡壶九。铭文里的再立事岁即指立公子阳生（悼公）。②

　　舟师即水军，吴越军队以水军为主，宁波博物馆藏越人羽人竞渡钺及上海博物馆刻纹铜匜的口部都有舟师的形象，汲县三彪镇水陆攻战铜壶、故宫藏宴乐铜壶、成都百花潭水陆攻战铜壶也有先秦舟师的形象。③ 根据杨泓的研究，当时的战船，分为上下两层，下层划桨，上层作战。两船相接时，船头战士跳跃向对方战船。双方互有攻防，武器有弓箭、长矛、戈、佩剑。④ 吴国舟师应该和这些图像大同小异。

① 张春龙：《慈利简概述》，《新出简帛研究》，文物出版社，2004年，页5-6。
② 马承源：《陈喜壶》，《文物》1961年2期。
③ 黄凤春等：《楚器名物研究》，湖北教育出版社，2012年，页143-145。
④ 杨泓：《华烛帐前明》，黄山书社，2017年，页158-161。

徐承，董珊以为即冉钲铖（图七）之器主。铭曰：唯正月初吉丁亥，余□□之孙冉择其吉金，自作钲铖，以□□船其朕，□□□大川。□□其阴其阳，□□盂。余以行司师，余以征司徒，余以伐郧，余以伐徐，嗟！子孙，余冉铸此钲铖，汝勿丧勿败。余处此南疆，万世之外，子子孙孙，友朋作以永鼓。董珊认为铭文大意是冉制作了这件钲放在他率领的船上，渡过大江，达到南北两岸，再用这件钲来指挥军队攻伐昆和徐。冉与承辗转通假，但铭文未及海上伐齐，应做于哀公十年前。①

图七　冉钲铖铭文

十三年，吴召鲁、卫之君会于橐皋。

• 夫差十三年（哀公十二年、公元前 483 年）

《春秋》：

————————

① 董珊：《吴越题铭研究》，科学出版社，2014 年，页 81 - 82。

（鲁）公会吴于橐皋。

《左传》：

夏，五月，昭夫人孟子卒。昭公娶于吴，故不书姓。

公会吴于橐皋。吴子使大宰嚭请寻盟。

吴征会于卫。初卫人杀吴行人且姚而惧，谋于行人子羽。

秋，卫侯会吴于郧。（鲁）公及卫侯、宋皇瑗盟，而卒辞吴盟。吴人藩卫侯之舍。子服景伯谓子贡曰："夫诸侯之会，事既毕矣，侯伯致礼，地主归饩，以相辞也。今吴不行礼于卫，而藩其君舍以难之，子盍见大宰？"乃请束锦以行。语及卫故。大宰嚭曰："寡君愿事卫君，卫君之来也缓，寡君惧，故将止之。"子贡曰："卫君之来，必谋于其众。其众或欲或否，是以缓来。其欲来者，子之党也。其不欲来者，子之仇也。若执卫君，是堕党而崇仇也……堕党、崇仇而惧诸侯，或者难以霸乎！"大宰嚭说，乃舍卫侯。卫侯归，效夷言。子之尚幼，曰："君必不免，其死于夷乎！执焉，而又说其言，从之固矣。"

《春秋事语·吴人会诸侯章》：

（吴）人会诸侯，吴人止之。子贡见太宰嚭，语及卫故。太宰嚭曰：其来后，是以止之。子贡曰：卫君之来，必谋其大夫，或欲或不欲，是以后。欲其来者子之党也，不欲其来者之子之仇也。今止卫君，是堕党而崇仇也，且会诸侯而止卫君，谁则不惧？堕党崇仇，以惧诸侯，难以霸矣。吴人乃□之。①

---

① 马王堆汉墓帛书整理小组：《马王堆汉墓出土帛书〈春秋事语〉释文》，《文物》1977 年 1 期。

【新证】

吴人为了争霸，积极召集诸侯会盟，鲁昭公娶于吴，故会盟。《左传》《春秋事语》等文献的记载卫侯并未响应号召，所以吴人包围了卫侯，阻止卫侯的行动。《史记》但书召盟，而不书结果，是为隐瞒召盟未果的史实。

子贡，据《史记·仲尼弟子传》"端沐赐，卫人，字子贡"，哀公时人，上博简二《鲁邦大旱》、上博简四《相邦之道》作"子赣"。

十四年春，吴王北会诸侯于黄池，欲霸中国以全周室。六月丙子，越王句践伐吴。乙酉，越五千人与吴战。丙戌，虏吴太子友。丁亥，入吴。吴人告败于王夫差，夫差恶其闻也。或泄其语，吴王怒，斩七人于幕下。七月辛丑，吴王与晋定公争长。吴王曰："于周室我为长。"晋定公曰："于姬姓我为伯。"赵鞅怒，将伐吴，乃长晋定公。吴王已盟，与晋别，欲伐宋。太宰嚭曰："可胜而不能居也。"乃引兵归国。国亡太子，内空，王居外久，士皆罢敝，于是乃使厚币以与越平。

> • 夫差十四年（哀公十三年、公元前 482 年）
>
> 《春秋》：
>
> （鲁）公会晋侯及吴子于黄池。
>
> 于越入吴。
>
> 《左传》：
>
> 夏，公会单平公、晋定公、吴夫差于黄池。
>
> 六月，丙子，越子伐吴，为二隧。畴无余、讴阳自南方，先及郊。吴大子友、王子地、王孙弥庸、寿于姚自泓上观之。弥庸见姑蔑之旗，曰："吾父之旗也。不可以见仇而弗杀也。"大子曰："战而不克，将亡国。请待之。"弥庸不可，属徒

五千,王子地助之。乙酉,战,弥庸获畴无余,地获讴阳。越
子至,王子地守。丙戌,复战,大败吴师。获大子友、王孙弥
庸、寿于姚。丁亥,入吴。吴人告败于王,王恶其闻也,自刭
七人于幕下。

秋,七月,辛丑,盟,吴晋争先。吴人曰:"于周室,我为
长。"晋人曰:"于姬姓,我为伯。"赵鞅呼司马寅曰:"日旰矣,
大事未成,二臣之罪也。建鼓整列,二臣死之,长幼必可知
也。"对曰:"请姑视之。"反,曰:"肉食者无墨。今吴王有墨,
国胜乎?大子死乎?且夷德轻,不忍久,请少待之。"乃先
晋人。

吴人将以公见晋侯,子服景伯对使者曰:"王合诸侯,则
伯帅侯牧以见于王。伯合诸侯,则侯帅子男以见于伯。自
王以下,朝聘玉帛不同。故敝邑之职贡于吴,有丰于晋,无
不及焉,以为伯也。今诸侯会,而君将以寡君见晋君,则晋
成为伯矣,敝邑将改职贡。鲁赋于吴八百乘。若为子男,则
将半邾以属于吴,而如邾以事晋。且执事以伯召诸侯,而以
侯终之,何利之有焉?"吴人乃止。既而悔之,谓景伯欺之。
将囚景伯。景伯曰:"何也立后于鲁矣。将以二乘与六人
从,迟速唯命。"遂囚以还。及户牖,谓太宰曰:"鲁将以十月
上辛,有事于上帝先王,季辛而毕。何世有职焉,自襄以来,
未之改也。若不会,祝宗将曰:'吴实然。'且谓鲁不共,而执
其贱者七人,何损焉?"大宰嚭言于王曰:"无损于鲁,而只为
名,不如归之。"乃归景伯。

吴申叔仪乞粮于公孙有山氏。曰:"佩玉橤兮,余无所系
之。旨酒一盛兮,余与褐之父睨之。"对曰:"粱则无矣,粗则有
之。若登首山以呼曰,庚癸乎!则诺。"

王欲伐宋,杀其丈夫,而囚其妇人。大宰嚭曰:"可胜也,

而弗能居也。"乃归。

冬，吴及越平。

清华简《系年》：

第二十章：晋简公立五年，与吴王阖庐伐楚。阖庐即世，夫秦（差）王即位。晋简公会诸侯，以与夫秦（差）王相见于黄池。越公句践克吴，越人因袭吴之与晋为好。

第二十一章：楚简大王立七年，宋悼公朝于楚，告以宋司城之约公室。王命莫敖阳为率师以定公室，城黄池，城雍丘。晋魏斯、赵浣、韩启章率师围黄池，迵而归之于楚。二年，王命莫敖阳为率师侵晋，夺宜阳，围赤岸，以复黄池之师。

慈利楚简：

114－13 卑周室既，121－14 君一命长弟许诺吴，53－10 忍披甲带剑挺铍晋，11－11 于邦是子军士死外咬一辱是我自今日止后内政一毌，16－6 吴止既服远者彼而，日一予止言口止难一也善，16－11 又吴土以毁其强以称，16－14 邦口止口其下忧色是邦，20－4 相昏也明日迁军，24－1 吾道路悠远吾毌会而，32－1 不搏善搏不善。

【新证】

慈利楚简文已提到吴晋争长的内容，但是因为该简册顺序已乱，尚未重新排序，故是否为《国语·吴语》的节抄本仍需研究。而甲 2 "解其气重龙弋白徒以见之厉"，张春龙以为此简文颇类《吴语》吴王夫差率兵北就黄池，越王勾践袭取姑苏后，王孙雒为吴王摆脱困境时所献计策之言语，为今本所无。[1]

---

[1] 张春龙：《慈利简概述》，《新出简帛研究》，文物出版社，2004 年，页 4－11。

　　黄池之会,著名的赵孟疥壶(图八)铭文记载了这一重大事件,铭文曰:禺邗王于黄池为赵孟疥邗王之锡金以为祠器。诸家均已考定此处的邗王就是夫差,赵孟就是赵简子赵鞅。但个别字句尚无统一,最近刘玉斌有个综述,并通释铭文为:遇邗王(夫差)于黄池,为赵孟(介)邗王之(赐)金,以为祠器。① 太原金胜村赵卿墓,②墓主人原报告作者以为"赵明之御戈"之"明"通盟、孟,即器主可能为赵孟赵鞅赵简子。但张崇宁、③龙真④通过对铭文的考释、骨龄的鉴定等依据,考证出墓主应该是赵襄子无恤,即赵简子之子。路国权最近对诸家之说进行了整理和归纳,认为将器主"考证为赵襄子的说法,不仅在文字上讲得通,而且也与铜戈形制及共存礼器的年代相吻合"。⑤ 清华简第七册有《赵简子》一篇十一支简。

　　黄池是重要的战略要地,根据《系年》所载,后来楚简王也是将"城黄池"作为"定公室"的重要手段,而晋显然不愿意此要地被楚控制,立即展开了军事反击。

　　另一件涉及吴晋关系的青铜器为"霸服晋邦"剑(图九),惜铭文残损严重。初步隶定为"……大王作元用。帛(霸)备(服)晋邦……之与成……败雩全邦斯"。董珊以为"帛(霸)备(服)晋邦"是争霸成功令晋人屈服的意思,指夫差黄池争霸的事情。其余铭文尚待进一步研究。⑥

---

　　① 刘玉斌:《赵孟壶新探》,《文物春秋》2017 年 1 期;《铭图》12365、12366。

　　② 山西省考古研究所:《太原晋国赵卿墓》,文物出版社,1996 年;《铭图》16724。

　　③ 张崇宁:《太原金胜村 251 号墓主探讨》,《中国历史文物》2005 年 1 期。

　　④ 龙真:《赵卿墓墓主人试论》,《文物世界》2015 年 5 期。

　　⑤ 路国权:《论太原金胜村 1988M251 铜器群的年代及相关问题》,《考古与文物》2016 年 1 期。

　　⑥ 董珊:《吴越题铭研究》,科学出版社,2014 年,页 38。

图八　赵孟疥壶铭文　　　　　　图九　霸服晋邦剑

　　配儿，沙孟海考释即为阖闾初立之太子波。① 但器出越地绍兴，似乎应是夫差时期吴被越打败后所获之器。如此应该是夫差之子才符合常理，故董珊在研究此器时就未采纳沙孟海意见。②

　　① 沙孟海：《配儿钩镭考释》，《考古》1983 年 4 期。
　　② 董珊：《吴越题铭研究》，科学出版社，2014 年，页 80 - 81。

越军首领畴无余,据董珊考释苏州博物馆藏者差其余剑为越王初无余之物,亦即越王差徐。[①] 初、畴音近,但时代差距太大,应是同名之二人,或身份推定有误。

十五年,齐田常杀简公。

- 夫差十五年(哀公十四年、公元前 481 年)

《左传》:

(向)魋出于卫地,公文氏攻之,求夏后氏之璜焉。与之他玉,而奔齐,陈成子使为次卿。司马牛又致其邑焉,而适吴。吴人恶之而反。赵简子召之,陈成子亦召之,卒于鲁郭门之外,阮氏葬诸丘舆。

- 夫差十六年(哀公十五年、公元前 480 年)

《左传》:

夏,楚子西、子期伐吴,及桐汭。陈侯使公孙贞子吊焉,及良而卒。将以尸入,吴子使大宰嚭劳,且辞曰:"以水潦之不时,无乃廪然陨大夫之尸,以重寡君之忧。寡君敢辞。"上介芊尹盖对曰:"寡君闻楚为不道,荐伐吴国灭厥民人。寡君使盖备使,吊君之下吏。无禄,使人逢天之慼,大命陨队,绝世于良,废日共积,一日迁次。今君命逆使人曰:'无以尸造于门。'是我寡君之命委于草莽也。且臣闻之曰:'事死如事生,礼也。'于是乎有朝聘而终,以尸将事之礼,又有朝聘而遭丧之礼。若不以尸将命,是遭丧而还也,无乃不可乎! 以礼防民,犹或逾之。今大夫曰'死而弃之',是弃礼也。其何以为诸侯

① 董珊:《吴越题铭研究》,科学出版社,2014 年,页 65 - 66。

主？先民有言曰：'无秽虐士。'备使奉尸将命，苟我寡君之命达于君所，虽陨于深渊，则天命也。非君与涉人之过也。"吴人内之。

- 夫差十七年（哀公十六年，公元前 479 年）
《左传》：
吴人伐慎，白公败之。请以战备献，许之，遂作乱。

十八年，越益强。越王句践率兵伐败吴师于笠泽。楚灭陈。

- 夫差十八年（哀公十七年，公元前 478 年）
《左传》：
三月，越子伐吴。吴子御之笠泽，夹水而陈。越子为左右句卒。使夜或左或右，鼓噪而进。吴师分以御之。越子以三军潜涉，当吴中军而鼓之，吴师大乱，遂败之。

上博简《邦人不称》：
就白公之祸，闻令尹司马既死，将适郢。

清华简《越公其事》：
第十章：王监越邦之既敬，亡敢躗命，王乃试民。乃窃焚舟室，鼓命邦人救火。举邦走火，进者莫退，王惧，鼓而退之，死者三百人。王大喜，焉始绝吴之行李，毋或有往来以交之。此乃属邦政于大夫住（种），乃命范罗（蠡）、太甬太鬲越民，必卒协兵，乃由王卒君子六千，王卒既备，舟乘既成，吴师未起，越王勾践乃命边民聚怨，变乱私成，挑起怨恶，边人乃相攻也，吴师乃起。吴王起师，军于江北。越王起师，军于江南。越王乃中分其师以为左军右军。以其私卒君子六千为中军，若明日，将舟战于江。及昏，乃命左军溯江五里以须，亦命右军衔枚逾江五里以须。夜中，乃命左军右军涉江，鸣鼓，中水以须。
吴师乃大骇，曰：越人分为二师，涉江将以夹攻……翌旦，乃
中分其师将以御之。越王勾践乃以其私卒六千窃涉，不鼓不
噪以侵攻之，大乱吴师。左军右军乃遂涉，攻之。吴师乃大
北，旋战旋北，乃至于吴。越师乃因军吴，吴人昆奴乃内越师，
越师乃遂袭吴。

【新证】

楚惠王时，吴人伐慎，当年和伍子胥一起逃亡的白公胜打败了
吴国，并以此为由返回楚郢都，为报当年之仇，派人袭杀了令尹子
西、子期，由此引发了楚国政局的动荡，这就是"白公之祸"，《楚世
家》于此记载甚详，由此可见当时诸国政局之连环性。

《史记》对越伐吴的记载异常简略，但根据《左传》《越公其事》
的记载我们对这场战争的细节有了明确的认识，越军扰敌偷袭战
术以及吴人昆奴作为内应，纳越师，越师得以袭吴，这是我们过去
不知道的信息。《越公其事》描写的战争细节和《国语·吴语》的记
载比较接近，但《史记》无论是《吴世家》，还是《越世家》均未采纳。
《越公其事》里的江南江北之"江"显然不会是长江的简称，应该是
今浙江境内的某条大水。就地理形势和吴越疆域来看，恐怕只有
钱塘江一条河流符合此条件。这也证明石泉先生所谓"江"不是
"江水（长江）"的专称的结论是经得起考验的。

笠泽，即太湖，颇疑因下游河网类似斗笠而得名。

二十年，越王勾践复伐吴。二十一年，遂围吴。二十三年十一
月丁卯，越败吴。越王勾践欲迁吴王夫差于甬东，予百家居之。吴
王曰："孤老矣，不能事君王也。吾悔不用子胥之言，自令陷此。"遂
自刭死。越王灭吴，诛太宰嚭，以为不忠，而归。

• 夫差二十年（哀公十九年、公元前 476 年）

《左传》：

十九年，春，越人侵楚，以误吴也。

• 夫差二十一年（哀公二十年、公元前 475 年）

《左传》：

吴公子庆忌骤谏吴子曰："不改，必亡。"弗听。出居于艾，遂适楚。闻越将伐吴，冬，请归平越，遂归。欲除不忠者以说于越，吴人杀之。

十一月，越围吴，赵孟降于丧食。楚隆曰："三年之丧，亲昵之极也。主又降之，无乃有故乎？"赵孟曰："黄池之役，先主与吴王有质，曰：'好恶同之。'今越围吴，嗣子不废旧业而敌之，非晋之所能及也，吾是以为降。"楚隆曰："若使吴王知之，若何？"赵孟曰："可乎？"隆曰："请尝之。"乃往。先造于越军，曰："吴犯间上国多矣，闻君亲讨焉，诸夏之人莫不欣喜，唯恐君志之不从，请入视之。"许之。告于吴王曰："寡君之老无恤，使陪臣隆敢展谢其不共。黄池之役，君之先臣志父得承齐盟，曰：'好恶同之。'今君在难，无恤不敢惮劳，非晋国之所能及也，使陪臣敢展布之。"王拜稽首曰："寡人不佞，不能事越，以为大夫忧，拜命之辱。"与之一箪珠，使问赵孟，曰："勾践将生忧寡人，寡人死之不得矣。"王曰："溺人必笑，吾将有问也。史黯何以得君子？"对曰："黯也，进不见恶，退无谤言。"王曰："宜哉！"

• 夫差二十三年（哀公二十二年、公元前 473 年）

《左传》：

冬，十一月，丁卯，越灭吴，请使吴王居甬东。辞曰："孤老矣，焉能事君？"乃缢。越人以归。

清华简《越公其事》：

第十一章：……袭吴邦，围王宫。吴王乃惧，行成，曰：昔不
谷先秉利于越，越公告孤请成，男女……不祥，余不敢绝祀，许越
公成，以至于今，今吴邦不天，得罪于越……人之敝邑。孤请成，
男女备。勾践弗许，曰：昔天以越邦赐吴，吴弗受。今天以吴邦
赐越，勾践……不许吴成。乃使人告于吴王曰：天以吴土赐越，
勾践不敢弗受。殴民生不仍，王其毋死！民生地上，寓也，其与几
何？不谷其将王于甬句重，夫妇三百，唯王所安，以屈尽王年。吴
王乃辞曰：天加祸于吴邦，不在前后，丁（当）役孤身。焉述失宗
庙。凡吴土地民人，越公是尽有之，孤余奚面目以视于天下。

清华简《系年》：

第二十章：越公勾践克吴，越人因袭吴之与晋为好。

【新证】

越国青铜器戎桓镈（图十）铭文"戎桓搏武，敷入吴疆，□□"，
据董珊考释，即指越入吴之事。另有越王差徐戈（图十一）铭文：
"越邦之先王未得居乍（胥、苏）金（阴），就差徐之为王，始得居乍
（胥、苏）金（阴）。差徐以铸其元用戈，以修强边土。"即指越王勾践
据吴，迅速迁往琅琊，到初无余的时候，再次据吴，即铭文里的"乍
金"，董珊以为即苏阴，即姑苏山之北。[1]

李家浩认为奇字钟铭文"尽既吴土"之"既"应读为"概"，此钟
是为纪念越王勾践灭吴之事而做。[2]

越王拟安置夫差的甬东，即今宁波舟山群岛，夕阳坡汉简"越
涌君嬴将其众以归楚之岁"里的"涌"，李学勤先生以为"即文献中

① 董珊：《吴越题铭研究》，科学出版社，2014 年，页 84、66－67；《铭图》15150、17362。
② 李家浩：《越王州句复合剑铭文及其所反映的历史》，《北京大学学报（哲社版）》1998 年 2 期；《铭图》15176。

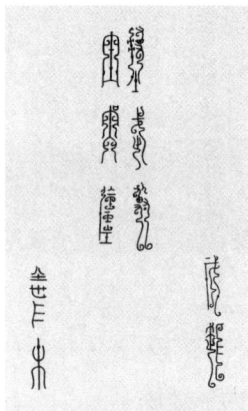

图十　戎桓（搏武）钟铭文　　　图十一　差徐戈铭文（珍秦斋）

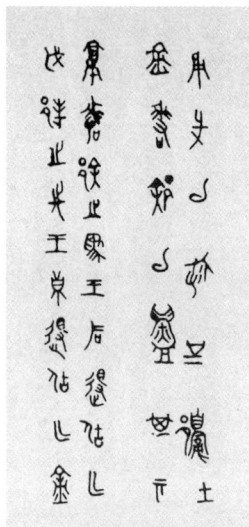

的越地甬"，亦即"使吴王居甬东"之"甬"。①

　　越围困吴都，晋国已经得到消息，但此时晋国内乱纷纷，即将三家分晋，已无力施以援手，仅派一介使臣探问。越灭吴以及晋吴关系、晋越关系，《系年》第二十章有一个简短的总结，即越灭吴以后越晋又形成了新的同盟。越国的这一转变，说明吴晋结盟并不是表面看到的巫臣逃离楚国，进一步挑唆吴国联合晋国对抗楚国的结果。这只是表象，背后深刻的原因是吴越必须坚持远交近攻的战略，否则就难以存在，所以越灭吴后立即和晋结成同盟以自保。

　　夫差死后，据《吴越春秋》等文献记载，越军就地简单地埋葬夫差于卑犹山。1986 年在苏州城西 20 千米、海拔 22.5 米的严山发

---

　　① 李学勤：《文物中的古文明》，商务印书馆，2013 年，页 458。

现了一个玉器窖藏。玉器坑位于严山东麓,长 2 米,宽 1.5 米,深
0.5 米。由于当地采石爆破,玉器的出土处已经破坏,摆放位置已
遭扰动,组合情况也不得而知。共计出土遗物 402 件,其中软玉
204 件,其余为各色玛瑙、绿松石、水晶、玻璃器。器类有璧、璜、
琮、镯、觿、玦、管、珠等。纹饰以云纹、绳纹、绚纹、蟠虺、蟠螭、兽
面、夔纹、鸟纹等为主。原发掘者判定是春秋吴国玉器窖藏。① 后
来真山大墓发掘,报告作者进一步推断,这个窖藏应该是一个墓,
墓主可能是吴王夫差。② 姚勤德等人则坚持认为,这批玉器从埋
藏地点及埋藏迹象来看,可能是吴国宫廷用玉,是吴王夫差逃跑时
仓皇草率埋藏的,其时代当为春秋之末。③ 张敏根据严山玉器中
没有云纹和谷纹判断,严山玉器的年代接近真山春秋墓,又根据二
墓同出虎形璜,而判定均为越国墓葬。④ 付琳通过越国高级别墓
葬的比较,也认为吴国贵族墓不甚流行使用玉器随葬。⑤

　　太史公曰:孔子言"太伯可谓至德矣,三以天下让,民无得而
称焉"。余读春秋古文,乃知中国之虞与荆蛮句吴兄弟也。延陵季
子之仁心,慕义无穷,见微而知清浊。呜呼,又何其闳览博物君
子也!
　　《索隐述赞》:太伯作吴,高让雄图。周章受国,别封于虞。寿
梦初霸,始用兵车。三子递立,延陵不居。光既篡位,是称阖闾。
王僚见杀,贼由专诸。夫差轻越,取败姑苏。甬东之耻,空惭伍胥。

① 吴县文物管理委员会:《江苏吴县春秋吴国玉器窖藏》,《文物》1988 年 1 期。
② 苏州博物馆:《真山东周墓地》,文物出版社,1999 年,页 79 - 80。
③ 姚勤德等,《吴国王室玉器》,上海人民美术出版社,1996 年,页 3;张志新:《严
山玉器窖藏与越国灭吴战争》,《苏州大学学报》2000 年 3 期。
④ 张敏:《吴越文化比较研究》,南京出版社,2018 年,页 238 - 237。
⑤ 付琳:《江南地区周代墓葬的分期分区及相关问题》,《考古学报》2019 年 3 期。

【新证】

吴越之战，战国时即是著名的历史教训，在中山王鼎铭文（图十二）里即有记载，铭文曰："昔者，吴人并越，越人修教备任，五年覆吴，克并之，至于今。"李学勤先生以为这是中山王以吴越为素材对后世的训诫。① 后来在汉画像石、汉镜中也有相关体裁图像，也具有鉴诫之意。

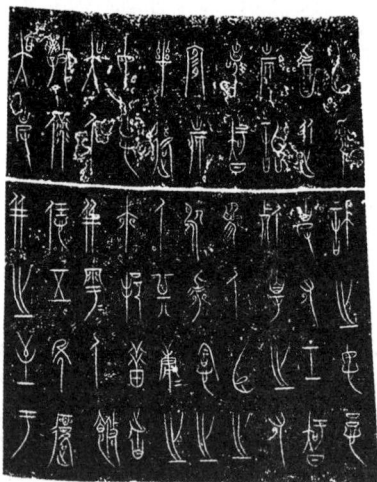

图十二　中山王鼎铭文局部（吴人并越）

---

① 李学勤：《平山三器与中山国若干历史问题》，载《新出青铜器研究》，人民美术出版社，2016 年，页 158；《铭图》02517。

附录：《史记》卷三十一 吴太伯世家第一

吴太伯，太伯弟仲雍，皆周太王之子，而王季历之兄也。季历贤，而有圣子昌，太王欲立季历以及昌，于是太伯、仲雍二人乃奔荆蛮，文身断发，示不可用，以避季历。季历果立，是为王季，而昌为文王。太伯之奔荆蛮，自号句吴。荆蛮义之，从而归之千余家，立为吴太伯。

太伯卒，无子，弟仲雍立，是为吴仲雍。仲雍卒，子季简立。季简卒，子叔达立。叔达卒，子周章立。是时周武王克殷，求太伯、仲雍之后，得周章。周章已君吴，因而封之。乃封周章弟虞仲于周之北故夏虚，是为虞仲，列为诸侯。

周章卒，子熊遂立，熊遂卒，子柯相立。柯相卒，子彊鸠夷立。彊鸠夷卒，子余桥疑吾立。余桥疑吾卒，子柯卢立。柯卢卒，子周繇立。周繇卒，子屈羽立。屈羽卒，子夷吾立。夷吾卒，子禽处立。禽处卒，子转立。转卒，子颇高立。颇高卒，子句卑立。是时晋献公灭周北虞公，以开晋伐虢也。句卑卒，子去齐立。去齐卒，子寿梦立。寿梦立而吴始益大，称王。

自太伯作吴，五世而武王克殷，封其后为二：其一虞，在中国；其一吴，在夷蛮。十二世而晋灭中国之虞。中国之虞灭二世，而夷蛮之吴兴。大凡从太伯至寿梦十九世。

王寿梦二年，楚之亡大夫申公巫臣怨楚将子反而奔晋，自晋使吴，教吴用兵乘车，令其子为吴行人，吴于是始通于中国。吴伐楚。十六年，楚共王伐吴，至衡山。

二十五年，王寿梦卒。寿梦有子四人，长曰诸樊，次曰余祭，次曰余眜，次曰季札。季札贤，而寿梦欲立之，季札让不可，于是乃立长子诸樊，摄行事当国。

王诸樊元年，诸樊已除丧，让位季札。季札谢曰："曹宣公之卒也，诸侯与曹人不义曹君，将立子臧，子臧去之，以成曹君，君子曰："能守节矣。"君义嗣，谁敢干君！有国，非吾节也。札虽不材，原附于子臧之义。"吴人固立季札，季札弃其室而耕，乃舍之。秋，吴伐楚，楚败我师。四年，晋平公初立。

十三年，王诸樊卒。有命授弟余祭，欲传以次，必致国于季札而止，以称先王寿梦之意，且嘉季札之义，兄弟皆欲致国，令以渐至焉。季札封于延陵，故号曰延陵季子。

王余祭三年，齐相庆封有罪，自齐来奔吴。吴予庆封朱方之县，以为奉邑，以女妻之，富于在齐。

四年，吴使季札聘于鲁，请观周乐。为歌周南、召南。曰："美哉，始基之矣，犹未也。然勤而不怨。"歌邶、鄘、卫。曰："美哉，渊乎，忧而不困者也。吾闻卫康叔、武公之德如是，是其卫风乎？"歌王。曰："美哉，思而不惧，其周之东乎？"歌郑。曰："其细已甚，民不堪也，是其先亡乎？"歌齐。曰："美哉，泱泱乎，大风也哉。表东海者，其太公乎？国未可量也。"歌豳。曰："美哉，荡荡乎，乐而不淫，其周公之东乎？"歌秦。曰："此之谓夏声。夫能夏则大，大之至也，其周之旧乎？"歌魏。曰："美哉，沨沨乎，大而宽，俭而易行，以德辅此，则盟主也。"歌唐。曰："思深哉，其有陶唐氏之遗风乎？不然，何忧之远也？非令德之后，谁能若是！"歌陈。曰："国无主，其能久乎？"自郐以下，无讥焉。歌小雅。曰："美哉，思而不贰，怨而不言，其周德之衰乎？犹有先王之遗民也。"歌大雅。曰："广哉，熙熙乎，曲而有直体，其文王之德乎？"歌颂。曰："至矣哉，直而不倨，曲而不诎，近而不偪，远而不携，迁而不淫，复而不厌，哀而不愁，乐而不荒，用而不匮，广而不宣，施而不费，取而不贪，处而不厎，行而不流。五声和，八风平，节有度，守有序，盛德之所同也。"见舞象箾、南籥者，曰："美哉，犹有感。"见舞大武，曰："美哉，周之盛也，其若此乎？"见舞韶护者，曰："圣人之弘也，犹有惭德，圣人之难也！"见舞大夏，曰："美哉，勤而不德！非禹，其谁能及之？"见舞招箾，曰："德至矣哉，大矣，如天之无不焘也，如地之无不载也，虽甚盛德，无以加矣。观止矣，若有他乐，吾不敢观。"

　　去鲁，遂使齐。说晏平仲曰："子速纳邑与政。无邑无政，乃免于难。齐国之政将有所归；未得所归，难未息也。"故晏子因陈桓子以纳政与邑，是以免于栾高之难。

　　去齐，使于郑。见子产，如旧交。谓子产曰："郑之执政侈，难将至矣，政必及子。子为政，慎以礼。不然，郑国将败。"去郑，适卫。说蘧瑗、史狗、史鳅、公子荆、公叔发、公子朝曰："卫多君子，未有患也。"

　　自卫如晋，将舍于宿，闻钟声，曰："异哉！吾闻之，辩而不德，必加于戮。夫子获罪于君以在此，惧犹不足，而又可以畔乎？夫子之在此，犹燕之巢于幕也。君在殡而可以乐乎？"遂去之。文子闻之，终身不听琴瑟。

　　适晋，说赵文子、韩宣子、魏献子曰："晋国其萃于三家乎！"将去，谓叔向曰："吾子勉之！君侈而多良，大夫皆富，政将在三家。吾子直，必思自免于难。"

　　季札之初使，北过徐君。徐君好季札剑，口弗敢言。季札心知之，为使上国，未献。还至徐，徐君已死，于是乃解其宝剑，系之徐君家树而去。从者曰："徐君已死，尚谁予乎？"季子曰："不然。始吾心已许之，岂以死倍吾心哉！"

七年，楚公子围弑其王夹敖而代立，是为灵王。十年，楚灵王会诸侯而以伐吴之朱方，以诛齐庆封。吴亦攻楚，取三邑而去。十一年，楚伐吴，至零娄。十二年，楚复来伐，次于乾溪，楚师败走。

十七年，王余祭卒，弟余眛立。王余眛二年，楚公子弃疾弑其君灵王代立焉。

四年，王余眛卒，欲授弟季札。季札让，逃去。于是吴人曰："先王有命，兄卒弟代立，必致季子。季子今逃位，则王余眛后立。今卒，其子当代。"乃立王余眛之子僚为王。

王僚二年，公子光伐楚，败而亡王舟。光惧，袭楚，复得王舟而还。

五年，楚之亡臣伍子胥来奔，公子光客之。公子光者，王诸樊之子也。常以为"吾父兄弟四人，当传至季子。季子即不受国，光父先立。即不传季子，光当立"。阴纳贤士，欲以袭王僚。

八年，吴使公子光伐楚，败楚师，迎楚故太子建母于居巢以归。因北伐，败陈、蔡之师。九年，公子光伐楚，拔居巢、钟离。初，楚边邑卑梁氏之处女与吴边邑之女争桑，二女家怒相灭，两国边邑长闻之，怒而相攻，灭吴之边邑。吴王怒，故遂伐楚，取两都而去。

伍子胥之初奔吴，说吴王僚以伐楚之利。公子光曰："胥之父兄为僇于楚，欲自报其仇耳。未见其利。"于是伍员知光有他志，乃求勇士专诸，见之光。光喜，乃客伍子胥。子胥退而耕于野，以待专诸之事。

十二年冬，楚平王卒。十三年春，吴欲因楚丧而伐之，使公子盖余、烛庸以兵围楚之六、灊。使季札于晋，以观诸侯之变。楚发兵绝吴兵后，吴兵不得还。于是吴公子光曰："此时不可失也。"告专诸曰："不索何获！我真王嗣，当立，吾欲求之。季子虽至，不吾废也。"专诸曰："王僚可杀也。母老子弱，而两公子将兵攻楚，楚绝其路。方今吴外困于楚，而内空无骨鲠之臣，是无奈我何。"光曰：

"我身，子之身也。"四月丙子，光伏甲士于窟室，而谒王僚饮。王僚使兵陈于道，自王宫至光之家，门阶户席，皆王僚之亲也，人夹持铍。公子光详为足疾，入于窟室，使专诸置匕首于炙鱼之中以进食。手匕首刺王僚，铍交于匈，遂弑王僚。公子光竟代立为王，是为吴王阖庐。阖庐乃以专诸子为卿。

季子至，曰："苟先君无废祀，民人无废主，社稷有奉，乃吾君也。吾敢谁怨乎？哀死事生，以待天命。非我生乱，立者从之，先人之道也。"复命，哭僚墓，复位而待。吴公子烛庸、盖余二人将兵遇围于楚者，闻公子光弑王僚自立，乃以其兵降楚，楚封之于舒。

王阖庐元年，举伍子胥为行人而与谋国事。楚诛伯州犁，其孙伯嚭亡奔吴，吴以为大夫。

三年，吴王阖庐与子胥、伯嚭将兵伐楚，拔舒，杀吴亡将二公子。光谋欲入郢，将军孙武曰："民劳，未可，待之。"四年，伐楚，取六与灊。五年，伐越，败之。六年，楚使子常囊瓦伐吴。迎而击之，大败楚军于豫章，取楚之居巢而还。

九年，吴王阖庐谓伍子胥、孙武曰："始子之言郢未可入，今果如何？"二子对曰："楚将子常贪，而唐、蔡皆怨之。王必欲大伐，必得唐、蔡乃可。"阖庐从之，悉兴师，与唐、蔡西伐楚，至于汉水。楚亦发兵拒吴，夹水陈。吴王阖庐弟夫概欲战，阖庐弗许。夫概曰："王已属臣兵，兵以利为上，尚何待焉？"遂以其部五千人袭冒楚，楚兵大败，走。于是吴王遂纵兵追之。比至郢，五战，楚五败。楚昭王亡出郢，奔郧。郧公弟欲弑昭王，昭王与郧公奔随。而吴兵遂入郢。子胥、伯嚭鞭平王之尸以报父仇。

十年春，越闻吴王之在郢，国空，乃伐吴。吴使别兵击越。楚告急秦，秦遣兵救楚击吴，吴师败。阖庐弟夫概见秦越交败吴，吴王留楚不去，夫概亡归吴而自立为吴王。阖庐闻之，乃引兵归，攻夫概。夫概败，奔楚。楚昭王乃得以九月复入郢，而封夫概于堂貕，为堂谿氏。十一年，吴王使太子夫差伐楚，取番。楚恐而去郢徙都。

十五年，孔子相鲁。

十九年夏，吴伐越，越王句践迎击之樆李。越使死士挑战，三行造吴师，呼，自刭。吴师观之，越因伐吴，败之姑苏，伤吴王阖庐指，军却七里。吴王病伤而死。阖庐使立太子夫差，谓曰："尔而忘句践杀汝父乎？"对曰："不敢！"三年，乃报越。

王夫差元年，以大夫伯嚭为太宰。习战射，常以报越为志。二年，吴王悉精兵以伐越，败之夫椒，报姑苏也。越王句践乃以甲兵五千人栖于会稽，使大夫种因吴太宰嚭而行成，请委国为臣妾。吴王将许之，伍子胥谏曰："昔有过氏杀斟灌以伐斟寻，灭夏后帝相。帝相之妃后缗方娠，逃于有仍而生少康。少康为有仍牧正。有过又欲杀少康，少康奔有虞。有虞思夏德，于是妻之以二女而邑之于纶，有田一成，有众一旅。后遂收夏众，抚其官职。使人诱之，遂灭有过氏，复禹之绩，祀夏配天，不失旧物。今吴不如有过之强，而句践大于少康。今不因此而灭之，又将宽 ，不亦难乎！且句践为人能辛苦，今不灭，后必悔之。"吴王不听，听太宰嚭，卒许越平，与盟而罢兵去。

七年，吴王夫差闻齐景公死而大臣争宠，新君弱，乃兴师北伐齐。子胥谏曰："越王句践食不重味，衣不重采，吊死问疾，且欲有所用其众。此人不死，必为吴患。今越在腹心疾，而王不先，而务齐，不亦谬乎！"吴王不听，遂北伐齐，败齐师于艾陵。至缯，召鲁哀公而征百牢。季康子使子贡以周礼说太宰嚭，乃得止。因留略地于齐鲁之南。九年，为驺伐鲁，至与鲁盟乃去。十年，因伐齐而归。十一年，复北伐齐。

越王句践率其众以朝吴，厚献遗之，吴王喜。唯子胥惧，曰："是弃吴也。"谏曰："越在腹心，今得志于齐，犹石田，无所用。且盘庚之诰有颠越勿遗,商之以兴。"吴王不听,使子胥于齐,子胥属其子于齐鲍氏,还报吴王。吴王闻之,大怒,赐子胥属镂之剑以死。将死,曰:"树吾墓上以梓,令可为器。抉吾眼置之吴东门,以观越之灭吴也。"

齐鲍氏弑齐悼公。吴王闻之,哭于军门外三日,乃从海上攻齐。齐人败吴,吴王乃引兵归。

十三年,吴召鲁、卫之君会于橐皋。

十四年春,吴王北会诸侯于黄池,欲霸中国以全周室。六月子,越王句践伐吴。乙酉,越五千人与吴战。丙戌,虏吴太子友。丁亥,入吴。吴人告败于王夫差,夫差恶其闻也。或泄其语,吴王怒,斩七人于幕下。七月辛丑,吴王与晋定公争长。吴王曰:"于周室我为长。"晋定公曰:"于姬姓我为伯。"赵鞅怒,将伐吴,乃长晋定公。吴王已盟,与晋别,欲伐宋。太宰嚭曰:"可胜而不能居也。"乃引兵归国。国亡太子,内空,王居外久,士皆罢敝,于是乃使厚币以与越平。

十五年,齐田常杀简公。

十八年,越益强。越王句践率兵伐败吴师于笠泽。楚灭陈。

二十年,越王句践复伐吴。二十一年,遂围吴。二十三年十一月丁卯,越败吴。越王句践欲迁吴王夫差于甬东,予百家居之。吴王曰:"孤老矣,不能事君王也。吾悔不用子胥之言,自令陷此。"遂自到死。越王灭吴,诛太宰嚭,以为不忠,而归。

太史公曰:孔子言"太伯可谓至德矣,三以天下让,民无得而称焉"。余读春秋古文,乃知中国之虞与荆蛮句吴兄弟也。延陵季子之仁心,慕义无穷,见微而知清浊。呜呼,又何其闳览博物君子也!

[索隐述赞]太伯作吴,高让雄图。周章受国,别封于虞。寿梦初霸,始用兵车。三子递立,延陵不居。光既篡位,是称阖闾。王僚见杀,贼由专诸。夫差轻越,取败姑苏。甬东之耻,空惭伍胥。

参考文献

(一) 基本史料

司马迁：《史记》(修订本)，中华书局，2013 年。

杨伯峻：《春秋左传注》(修订本)，中华书局，1990 年。

(二) 简帛资料

清华简＝《清华大学藏战国竹简》，中西书局；

第 1 辑(2010 年)：《楚居》；

第 2 辑(2011 年)：《系年》；

第 3 辑(2012 年)：《良臣》；

第 7 辑(2017 年)：《越公其事》。

上博简＝《上海博物馆藏战国楚竹书》，上海古籍出版社；

第四册(2004 年)：《昭王与龚之脽》、《柬大王泊旱》；

第六册(2007 年)：《竞公虐》、《庄王既成》、《申公臣灵王》、《平王与王子木》；

第七册(2008 年)：《吴命》；

第九册(2018 年)：《灵王遂申》、《邦人不称》。

俞绍宏：《上海博物馆藏楚简校注》，中国社会科学出版社，2016 年。

其他楚简：

陈伟等著：《楚地出土战国简册(十四种)》，武汉大学出版社，2016 年。

张家山二四七号汉墓竹简整理小组：《张家山汉墓竹简（二四七号墓）》，文物出版社，2006年。

（三）报告与论著

安徽省博物馆：《寿县蔡侯墓出土遗物》，科学出版社，1956年。

安徽省文物考古研究所、蚌埠市博物馆编著：《凤阳大东关与卞庄》，科学出版社，2010年。

安徽文物考古研究所、蚌埠市博物馆编著：《钟丽君柏墓》，文物出版社，2013年。

白显凤：《出土楚文献所见人名研究》，吉林大学博士论文，2017年。

曹锦炎：《鸟虫书通考》，上海书画出版社，1999年。

曹锦炎：《吴越历史与考古论丛》，文物出版社，2007年。

陈家宁：《〈史记〉殷、周、秦〈本纪〉新证图补》，厦门大学博士论文，2008年。

陈苗：《山西地区出土两周时期青铜兵器研究》，陕西师范大学硕士学位论文，2014年。

陈民镇：《清华简系年研究》，烟台大学硕士论文，2013年。

陈伟：《楚东国地理研究》，武汉大学出版社，1982年。

董楚平：《吴越文化新探》，浙江人民出版社，1988年。

董楚平：《吴越徐舒金文集释》，浙江古籍出版社，1992年。

董珊：《简帛文献考释论丛》，上海古籍出版社，2014年。

董珊：《吴越题铭研究》，科学出版社，2014年。

何浩：《楚灭国研究》，武汉出版社，1989年。

侯东泉：《郯文化研究》，山东师范大学硕士学位论文，2014年。

湖北省荆沙铁路考古队：《包山楚墓》，文物出版社，1991年。

黄凤春等：《楚器名物研究》，长江出版社，2012 年。

孔令远：《徐国的考古学发现与研究》，四川大学博士论文，2002 年。

李零：《〈孙子〉十三篇综合研究》，中华书局，2006 年。

李守奎：《古文字与古史新证》，中西书局，2015 年。

李松儒：《清华简〈系年〉集释》，中西书局，2015 年。

李未然：《两周郑国青铜器铭文汇考》，天津师大硕士论文，2016 年。

李学勤：《走出疑古时代》，辽宁大学出版社，1994 年。

李学勤：《简帛佚籍与学术史》，江西教育出版社，2001 年。

李学勤：《中国古代文明研究》，华东师大出版社，2005 年。

李学勤：《文物中的古文明》，商务印书馆，2013 年。

李学勤：《东周与秦代文明》，上海人民出版社，2016 年。

李学勤：《新出青铜器研究》，人民美术出版社，2016 年。

刘彬徽：《楚系青铜器研究》，湖北教育出版社，1995 年。

刘光：《出土文献与吴越史专题研究》，清华大学博士论文，2018 年。

马超：《出土文献释读与先秦史研究》，科学出版社，2019 年。

马国伟：《先秦吴越音乐研究》，人民音乐出版社，2019 年。

马楠：《清华简〈系年〉辑证》，中西书局，2015 年。

马晓稳：《吴越文字资料整理及相关问题研究》，吉林大学博士论文，2017 年。

容庚：《善斋彝器图录》，哈佛燕京学社，1936 年。

山西省考古研究所：《太原晋国赵卿墓》，文物出版社，1996 年。

石泉：《古代荆楚地理新探》，武汉大学出版社，2013 年。

石泉：《古代荆楚地理新探续集》，武汉大学出版社，2013 年。

史念海：《中国的运河》，陕西人民出版社，1988 年。

苏兆庆：《考古发现与莒史新征》，文史出版社，2015 年。

苏州博物馆：《真山东周墓——吴越贵族墓地的发掘与研究》，文物出版社，1999 年。

苏州博物馆：《兵与礼——苏州博物馆新入藏吴王余眛剑研讨会论文集》，文物出版社，2015 年。

孙飞燕：《清华简〈系年〉初探》，中西书局，2015 年。

孙刚：《东周齐系铭文研究》，上海古籍出版社，2019 年。

孙机：《汉代物质文化资料图说》，上海古籍出版社，2011 年。

王恩田：《商周铜器与金文辑考》，文物出版社，2017 年。

王国维：《观堂集林》，中华书局，1961 年。

王辉：《商周金文》，文物出版社，2006 年。

王明珂：《华夏与边缘》，上海人民出版社，2020 年。

王自兴：《殷周金文所见地名辑释》，郑州大学硕士学位论文，2014 年。

吴毅强：《晋铜器铭文研究》，浙江大学出版社，2018 年。

吴镇烽：《金文人名汇编》，中华书局，2006 年。

吴镇烽：《商周青铜器铭文暨图像集成》，上海古籍出版社，2012 年。

吴镇烽：《商周青铜器铭文暨图像集成续编》，上海古籍出版社，2016 年。

邢义田：《今尘集》，中西书局，2019 年。

徐超：《吴越兵器铭整理与研究》，安徽大学硕士学位论文，2014 年。

徐少华：《周代南土历史地理与文化》，武汉大学出版社，1994 年。

徐少华：《荆楚历史地理与考古探研》，商务印书馆，2010 年。

杨泓：《中国古代兵器论丛》，中国社会科学出版社，2006 年。

杨树达：《积微居金文说》，上海古籍出版社，2007 年。

姚勤德等：《吴国王室玉器》，上海人民美术出版社，1996 年。

尹盛平：《西周史征》，陕西师大出版社，2004 年。

于省吾：《双剑誃吉金文选》，中华书局，1988 年。

枣庄市博物馆：《小邾国遗珍》，文史出版社，2006 年。

曾宪通：《古文字学论集（初编）》，香港中文大学，1983 年。

张爱冰：《群舒文化研究》，上海古籍出版社，2018 年。

张颔等：《侯马盟书》，三晋出版社，2016 年。

张懋镕：《古文字与青铜器论集（第六辑）》，科学出版社，2019 年。

张敏：《吴越文化比较研究》，南京出版社，2018 年。

张政烺：《张政烺批注〈两周金文辞大系考释〉》，中华书局，2011 年。

张志鹏：《吴越史新探》，河南大学博士论文，2012 年。

浙江省文物考古研究所：《印山越王陵》，文物出版社，2002 年。

郑威：《出土文献与楚秦汉历史地理研究》，科学出版社，2017 年。

朱偰：《中国运河史料选辑》，中华书局，1962 年。

（四）数据库

吴镇烽：《商周金文资料通鉴》，系统 1.3 版。

后　记

　　首先感谢在这些年的读书生涯中给我帮助、指导、惠赐资料的各位师友,如果要列出来恐怕将是一个很长很长的名单!

　　这只是一个工作笔记而已,由于一些机缘,不得不硬着头皮不断地补充扩充,就成了这个样子。按惯例,末尾都有一个后记把经过做个交代,如下。

　　2008年到苏州不久,就有计划地开始研读吴国基本史料。2013年我馆征集到夫差剑等一批吴国青铜兵器,筹办《吴钩重辉》汇报展,必须有一个年表作为时间主线。因此,试着将《左传》相关史料插入《吴太伯世家》,以补充吴国史的一些细节。《吴钩重辉》展取得了非常不错的效果,我们开始筹划吴越楚文化的系列展。2014年,余眛剑入藏,随之举办《兵与礼》特展,余眛剑铭文对吴国历史的补充作用非常大。因为系列展要选择吴越楚相关文物,就必须将文物和文献结合起来。为此我将《吴太伯世家》《楚世家》《越王勾践世家》复印出来,带在身边,将相关的青铜器、简帛以及一些研究成果随手记在边上。日积月累,竟然写得密密麻麻。后来《清华简》陆续出版,特别是《系年》的出版,对吴越楚史都非常重要。但有些地方学者对此竟然一无所知。因为吴国史料极其缺乏且零散,有的师友看了觉得非常有用,就鼓励我想办法成书出版。虽然对三代考古很有兴趣,但对于以隋唐考古为主业的我而言,这个工作并不轻松。在苏州博物馆工作,吴国史又是一个难以回避的领域。所以我就下决心将这些零碎的史料以《吴太伯世家》为骨干进行梳理，这就是这个小册子的主体部分。新证部分，我尽量将各种观点罗列出来，请读者自行判断，也请大家加入吴文化的讨论。

　　这个册子的主要工作集中完成于 2019 年和 2020 年上半年，这是一个艰难的时段，对个人和国家都是。去年正月，年迈的母亲煤气中毒，在家人的精心照顾下刚刚有些起色，忽然又滑倒骨折，从此就卧病不起，于感恩节前夜忽然弃我们而去。在死神的威胁下度过了战战兢兢的 2019 年。本来准备年后回去陪陪老父亲，但随之而来的新冠疫情阻隔了一切。因为没有开馆，闭馆长达四个半月，有了很多空闲时间，但对妈妈的思念也就越来越强烈。为排遣挥之不去的无奈和痛苦，我强迫自己集中精力把这个本来不需要完成的工作做完！

　　谨以此纪念最爱我的人——我的母亲薛存仙！

　　愿妈妈在天堂里再无病痛！

二〇二〇年冬初稿

二〇二二年五月再校

二〇二二年九月终校

于忘忧草堂

图书在版编目(CIP)数据

吴国史新证：出土文献视野下的《吴太伯世家》/
程义著. —上海：上海古籍出版社，2022.11
ISBN 978‐7‐5732‐0446‐2

Ⅰ.①吴… Ⅱ.①程… Ⅲ.①出土文物－文献－研究
－中国②中国历史－研究－吴国(?‐前473) Ⅳ.
①K877.04②K225.07

中国版本图书馆 CIP 数据核字(2022)第 177421 号

吴国史新证：出土文献视野下的《吴太伯世家》

程 义 著

上海古籍出版社出版发行
(上海市闵行区号景路 159 弄 1－5 号 A 座 5F 邮政编码 201101)
(1)网址：www.guji.com.cn
(2)E‐mail：guji1@guji.com.cn
(3)易文网网址：www.ewen.co
常熟市人民印刷有限公司印刷
开本 890×1240 1/32 印张 7 插页 2 字数 170,000
2022 年 11 月第 1 版 2022 年 11 月第 1 次印刷
ISBN 978‐7‐5732‐0446‐2
K·3264 定价：45.00 元
如有质量问题,请与承印公司联系